"科学就在你身边"系列

教你成为运动达人

——体育与竞技

总 主 编 杨广军
副总主编 朱焯炜 章振华 张兴娟
胡 俊 黄晓春 徐永存
本册主编 冯尚欣 曹大苏

上海科学普及出版社

图书在版编目（CIP）数据

教你成为运动达人:体育与竞技/杨广军主编.--
上海:上海科学普及出版社,2014(2023.3重印)
(科学就在你身边)
ISBN 978-7-5427-5704-3

Ⅰ.①教…　Ⅱ.①杨…　Ⅲ.①竞技体育—普及读物
Ⅳ.①G8-49

中国版本图书馆 CIP 数据核字(2013)第 047294 号

组　　稿　胡名正　徐丽萍
责任编辑　刘湘雯

"科学就在你身边"系列
教你成为运动达人
——体育与竞技
总主编　杨广军
副总主编　朱焯炜　章振华　张兴娟
胡　俊　黄晓春　徐永存
本册主编　冯尚欣　曹大苏
上海科学普及出版社出版发行
(上海中山北路 832 号　邮政编码 200070)
http://www.pspsh.com

各地新华书店经销　北京一鑫印务有限公司印刷
开本 787×1092　1/16　印张 15　字数 230 000
2014 年 1 月第 1 版　　2023年 3月第 3次印刷

ISBN 978-7-5427-5704-3　　定价:48.00元

卷首语

体育一词，其英文本是 physical education，指的是以身体活动为手段的教育，直译为身体的教育，简称为体育。随着国际交往的扩大，体育与竞技事业发展的规模和水平已成为衡量一个国家、社会发展进步的一项重要标志，也成为国家间外交及文化交流的重要手段。

无论是进入专业的赛场，还是只是一种业余的爱好，体育与竞技和人们的关系越来越密切了，并且随着高科技的大量使用，体育与竞技对人们的素养要求也越来越高。

那么就随我们一起进入本书，学做运动达人，玩转体育与竞技吧……

目 录

走进体育之门——体育项目篇

强身健体的金钥匙——体育锻炼小知识

教你成为运动达人

体育赛场上科技世界——体育与科技

强身健体的物质基础——体育与营养

走进体育之门

——体育项目篇

在我们生活中，你只要稍加留意，就会发现体育知识就在我们身边：奥运会赛事、欧洲杯足球赛事、黄金联赛等等铺天盖地的各种体育赛事都在向我们传播着有关体育的知识。

体育知识究竟是什么？是什么促使它被如此广泛地传播？生活中的体育知识包括哪些方面呢？在这一篇中，为你一一道来。

世界第一运动——足球

当你在欣赏足球世界杯、欧洲杯比赛享受精彩的足球赛事给你带来的无限激情时；当你和朋友、同学一起踢球时……你也许想过足球起源于哪里呢？现代足球是如何发展的呢？所谓的五大联赛是指哪几个联赛呢？超级巨星的成长历程及辉煌履历是怎样的呢？那么，还等什么呢，让我们去看个究竟吧！

◆巴萨夺冠时刻

古代足球起源于中国

足球运动起源于中国。早在3500年前的殷代，就有了“足球舞”（求雨时一人边跳舞边踢球）。这是古代足球的雏形。战国时代民间已盛行集体的“蹴鞠游戏”。蹴，脚踢的意思；鞠，皮制内充以毛发之类弹性物的球。及至西汉（公元前206—25年），足球已进一步发展成竞赛性的运动。刘邦曾在宫苑中修建了规模宏大的足球比赛场。场地两端各设六个“鞠域”（相当于球门），比赛双方各上场十二人，六人把守“鞠域”，六人踢球，以踢进鞠域球数的多少分胜负，这与现代足球比赛已相当接近。到唐代，足球运动又有了两大进展：一是开始使用“气毬”，即用动物的胃胆，用嘴灌气的毬；二是球场两端设有两根立柱之间挂网的球门。游戏时，

◆古代蹴鞠雕塑

◆古代足球

双方各六人上场，一人守门，五人踢球。这更像现代足球比赛了。《文献通考》中写道：“蹴毬盖始唐，植两修竹，络网于上，卫门以度毬，毬工分左右朋，以角胜负。”以后各代史料中都有足球游戏的记载，且有相应的组织机构——球会的记载。

古代足球的传播与发展

◆古代蹴鞠比赛

作为古代中国文明内容之一的足球，公元前四世纪即因古希腊马其顿国王亚历山大发动的战争而传入中东。以后传入罗马，发展成一种把球带到对方一端为胜的竞赛性游戏。接着，这种游戏又因战争传到了法国，1065年传入英国。在东方，唐代时我国的足球游戏即传入日本。日本古书《蹴鞠九十九条》记载：“鞠始于大唐”。

现代足球的起始及发展

现代足球运动起始于英国。1863 年 10 月英国足球协会在伦敦成立了第一个足球俱乐部，制定了最初的比赛规则（如：只准用脚踢，不准用手；球场面积有了规格要求；比赛队员确定为十一人），现代足球运动随之逐渐兴起。最早的比赛阵型是英国人创造的“九锋一卫”式，即九个前锋，一个后卫，再加上一个守门员。随着技术水平的提高，一名后卫难以抵挡九名前锋的进攻，于是产生了“七锋三卫”式阵形，使攻守力量达到

相对平衡。由于技术水平的进一步提高，战术的发展，前锋活动的加强，防守力量又日趋薄弱。

为了改变这种状况，1870年苏格兰人创造了“六锋四卫”式阵形。接着英国人又创造了“1＋2＋3＋5”的“塔式”阵形。这一阵形对当时世界足球运动的发展影响很大，因为它体现了攻守力量的基本平衡。

◆女子蹴鞠的场景

你知道吗？

正如现代足球既有男足，又有女足，在蹴鞠运动的历史上，也有女子蹴鞠的一席之地。只不过在古代中国这样一个封建礼教谨严的国度里，女子蹴鞠是以表演的形式出现的。

足球五大联赛简介

欧洲足球五大联赛，指意大利足球甲级联赛、英格兰足球超级联赛、西班牙足球甲级联赛、德国足球甲级联赛、法国足球甲级联赛。有时不含法国足球甲级联赛而称为四大联赛。这些联赛代表了当今世界足坛最顶级的足球水平，吸引了众多球星，也常常引导足球发展的新方向。

◆西甲皇家马德里队全家福

目前西甲与英超吸引了大批优秀球员，成为最大的球员输入地；意甲在电话门事件之后大量球员外流，有从球员输入地变为输出地的危险；而德甲、法甲、荷甲已经成为欧洲三大球星输出地。西甲由于联赛技术含量高吸引了大批南美球员，英超则是由于其强大的经济支持与技术含量的提升而快速发展的。可以说目前五大联赛中，英超最商业化，西甲最传统，意甲最保守，德甲最稳定，而法甲组织结构则最讲究“思想性”与“公平性”。

随着足球商业化日益明显，大多数的欧洲足球研究人士和俱乐部老板认为：由G14自行组织的封闭式、没有升降级的“欧洲超级联赛”在未来十年内会到来，现在欧洲足坛正处于新旧时代交替时刻。此外，由于博斯曼法案造成的中小俱乐部生存艰难等问题同样值得关注。

知识窗

“银河战舰”皇家马德里队

欧洲名旅皇家马德里队，相信大多数球迷都非常熟悉。她创建于1902年，至今已夺得过27次西班牙甲级联赛冠军，17次捧得西班牙国王杯的冠军，7次问鼎欧洲冠军杯冠军，还获得2次联盟杯冠军和1次洲际杯（丰田杯赛前身）冠军，平均每两年便获得一次大型比赛的冠军。

超级球星介绍——伟大的贝利

1940年10月23日贝利出生在巴西的一个贫寒家庭，是20世纪最伟大的足球明星之一，被喜爱他的人尊为“球王”。在足球生涯中共攻进1281个球，四次代表国家队出战世界杯，三次捧得世界杯（第6、7、9届）。1980年被欧美20多家报社记者评为20世纪最杰出的运动员之首，1987年6月他被授予国际足联金质勋章，1999年被国际奥运委员会（IOC）选举为“世纪运动员”。

◆球王　贝利

其他荣誉：足球生涯共出场1363次，打进1281球；国际足联20世纪最伟大球员（并列）；国际奥委会20世纪最伟大运动员。贝利的存在似乎是很多球员翻不过去的一座大山，难

以超越。这才是球王，这才是贝利！

超级球星介绍——“传奇巨星”齐达内

对于齐达内的足球生涯，仅仅用传奇两个字难以形容。球场上技艺非凡，球场下人品出众。德艺双馨的齐达内，在其长达18年的职业球员生涯里，为当代球迷确立了一个真正优秀球员的标准。

◆法国巨星齐达内

在全欧洲，如果你提到La Castellane，人人都会告诉你，那里盛产流氓、小偷和骗子。但如今，人们还会加上一句，还有球王。

地处马赛郊区的La Castellane，是法国有名的北非移民聚居地。当20世纪60年代，原籍阿尔及利亚一个偏僻山村的齐达内的父亲斯摩尔辗转来到这里时，他不会知道，自己的儿子将会从这里走向世界，成为整个法国的骄傲。

◆法国巨星齐达内及其名言

成长于空荡荒芜灰尘漫天飞舞的马赛街道上，齐达内尽情释放着自己的天分。贫穷的生活没有压抑他爱好足球的天性，反倒使他在成名后仍然保存着一份谦虚朴实的赤子之心。

尽管出生在马赛，齐达内却从未代表马赛队打过一场比赛。在他还未被尤文图斯以300万欧元的价格带到意大利前，他曾经先后效力于戛纳和波尔多。

在2001年，已经成为世界足球一代艺术大师的齐达内被西班牙豪门皇家马

德里以创世界纪录的6400万英镑带到了西班牙。在那里，他和大批世界顶尖球员——罗纳尔多、卡洛斯、菲戈、贝克汉姆、欧文和劳尔一起，为球迷们奉献了一场接一场精彩绝伦的比赛。而在齐达内职业生涯中最为难忘的一场俱乐部赛事，则诞生在2002年的欧洲冠军杯决赛，在和勒沃库森的那场比赛中，齐达内一记荡气回肠的半转身凌空怒射帮助皇家马德里登顶欧洲冠军。这一脚射门被皇马球迷亲切地称为“天外飞仙”。而齐达内自己，则完成了当代足球皇帝的加冕仪式。

拓展思考

1. 你知道古代足球最早起源于哪个国家吗?
2. 你知道现代足球起源于哪个国家吗?
3. 你能说说五大联赛是指哪五个联赛吗?
4. 你知道贝利一生进过多少个球吗?

高个的项目——篮球

◆篮球比赛中

篮球是一个由两队参与的球类运动，每队出场 5 名队员。目的是将球投入对方球篮得分，并阻止对方获得球或得分。可将球向任何方向传、投、拍、滚或运，但要受规则的限制。篮球比赛的形式多种多样，也有最流行的街头三人篮球赛，是三对三的比赛，更讲究个人技术。当今世界篮球水平最高的联赛是美国的国家篮球协会（NBA）赛事。篮球在 1904 年列入奥运会的表演项目，到 1936 年柏林奥运会成为正式比赛项目。女子篮球到 1976 年蒙特利尔奥运会才成为正式比赛项目。

篮球的起源

篮球是 1891 年由美国马萨诸塞州斯普林菲尔德（旧译春田）市基督教青年会训练学校体育教师詹姆士·奈史密斯博士发明的。19 世纪下半叶，美国各地的基督教青年会发展很快，参加活动的青年人很多，但到了 1890 年的冬天，参加青年活动的人明显减少了。为此，青年会的领导们非常忧虑。经过分析，他们认为原因在于缺少新颖的、适合冬季在室内进行的运动项目。同时认为，要使新的竞技项目达到预期效果，为人们所接受，还必须做到以下几点：①新的竞技运动必须是“文明”的，严禁粗野的行

◆詹姆士·奈史密斯博士和他发明的篮球

为，以消除当时人们因体育运动粗野行为而产生的恐惧心理。②不同于其他项目受季节、气候等自然条件的限制，不受这些因素影响，能在晚上和室内进行。③能使不同年龄、性别的人参加，而且特别吸引年轻人。根据以上观点，波士顿青年会在马萨诸塞州斯普林莫尔德市训练学校的体育教师詹姆士·奈史密斯博士受向竹筐里扔桃子游戏的启发，并借鉴其他球类项目的特点、难点，于 1891 年 12 月 25 日设计并发明了篮球。

小知识

早期的篮筐

起初，奈史密斯将两只桃篮分别钉在健身房内看台的栏杆上，桃篮上沿距离地面 3.04 米，用足球作比赛工具，向篮投掷。投球入篮得 1 分，按得分多少决定胜负。每次投球进篮后，要爬梯子将球取出再重新开始比赛。以后逐步将竹篮改为活底的铁篮，再改为铁圈下面挂网。

篮球在中国的发展

篮球运动是 1896 年前后由天津中华基督教青年会传入中国的，随后在北京、上海基督教青年会里也有了此项活动。20 世纪前半叶，篮球运动在中国基本上还是一个"小众化"运动，它在项目普及和提高两个方面都处在相对落后的境地。20 世纪后半叶，特别是改革开放以来，篮球运动在中国广大的农村、城市、部队、机关、学校和工矿企业都得到了广泛的开展。目前，我国篮球运动的爱好者遍及城乡，总人数超过 3 亿，篮球已成为中国大众参与率最高的运动项目、青少年最喜爱的团队运动项目以及国内外企业最为关注的运动项目。在广泛普及的基础上，中国篮球的竞技运

动水平也有了迅速的提高，中国女篮在世锦赛和奥运会上先后取得过第二名的成绩，中国男篮也曾在这两项重大赛事中取得过第八名的成绩。在亚洲，中国男女篮更是长期保持优势，处于领先地位。

◆姚明一家三位篮球明星

街头篮球

街头篮球（street-ball）起源于美国，比赛并不需要在正规的篮球场上进行，在城市广场或街边开阔地划出半个篮球场大小的平坦硬地，树立一个篮球架，即可进行比赛。讲到街头篮球文化，不可不提的就是纽约曼哈顿区的 West 4th Street 和哈林区的 Rucker Park. 在这两个地区造就了许多街头篮球的英雄与神话。山羊（Earl Manigault）便是其中一个传奇，他可以轻易地在篮板顶取下 25 美分的硬币，还有那快速的运球与切入，令对手防不胜防。身高只有 6 英尺 2（2.06 米）的他可以轻易地将身高有 7 英尺 2（2.4 米）的 NBA 巨星 Kareem Abdul－Jabbar 打败，从此山羊（Earl Manigault）被人们称为是“未曾打过 NBA 的最伟大球员”。但是由于美国街头的黑道势力和毒品的影响，许多街头球员即使有再强的实力也不能加入 NBA 联盟，而只能在街头完成自己的篮球生涯。

◆街头篮球

街头篮球一代一代地传承下来，每个街球玩家都有自己独有的风格和

◆街头篮球

技巧来赢得观众的赞同和尊重。Hot Sauce 是 21 世纪最受欢迎的街头玩家，因为他创造了许多 New Tricks（新花式），使街头篮球更具有观赏性与娱乐性。街头篮球不仅仅是一种运动，更是一种艺术。

部分篮球联赛简介

世界各国都有自己的篮球联赛，我们下面就举来最常见的几个例子：

NBA 简介

◆NBA 精彩瞬间

NBA（全称 National Basketball Association）是美国第一大职业篮球赛事，代表了世界篮球的最高水平，其中产生了迈克尔·乔丹、魔术师约翰逊、科比·布莱恩特、姚明、勒布朗·詹姆斯等世界巨星。该协会一共拥有 30 支球队，分属东部和西部两个联盟；而每个联盟各由三个赛区组成，每个赛区有五支球队。30 支球队当中有 29 支位于美国本土，另外一支来自加拿大的多伦多。

CBA 简介

中国篮球协会于 1956 年 6 月在北京成立，简称“中国篮协”；英文名称“Chinese Basketball Association”，简称 CBA。中国篮球协会是具有独立法人资格的全国性群众体育组织，是由各省、自治区、直辖市篮球协会、各行业篮球协会及解放军相应的运动组织为团体会员组成的全国性、非营利性的联合组织，是中华全国体育总会的团体会员，是中国奥林匹克委员会承认的奥运项目组织，是代表中国参加国际篮球联合会和亚洲篮球联合会的唯一合法组织。

◆NBA 会标

◆CBA 标志

CUBA 简介

中国大学生篮球联赛（英文名称 Chinese University Basketball Association，简称：CUBA），是由中国篮球协会主办的高校之间的篮球联赛。联赛的宗旨是“发展高校篮球，培养篮球人才”。联赛的模式参照了美国的 NCAA 大学篮球联赛的形式，总体来说是中国发展最好影响最大的高校级别的体育比赛，联赛的主流观众是数以千万计的大学生和即将跨入大学校园的高中生。中国中央电视台每年都会现场直播部分重要场次

◆CUBA 标志

的比赛。联赛1996年开始酝酿，1997年建立章程，1998年开始正式推行，设男子组和女子组（也称其为WCUBA），中国大学生篮球联赛已成为中国篮坛两大赛事之一，影响力仅次于中国男子篮球职业联赛，每年的高校参赛队伍近700支。

点　击

CUBA中国大学生篮球联赛是以“发展高校篮球，培养篮球人才”为宗旨的，其前身是1985年成立的“中国大学生篮球协会”。

超级球星——迈克尔·乔丹

◆乔丹扣篮

迈克尔·乔丹（Michael Jordan，1963年2月17日出生），被公认为美国篮球史上最伟大的球员。他身高198cm，司职得分后卫，号码为23号。NBA总冠军次数：6次（1990～1991，1991～1992，1992～1993，1995～1996，1996～1997，1997～1998）。

·总决赛MVP次数：6次（1990～1991，1991～1992，1992～1993，1995～1996，1996～1997，1997～1998）。

·常规赛MVP次数：5次（1987～1988，1990～1991，1991～1992，1995～1996，1997～1998）。

·赛季平均每场得分最高次数（得分王）：10次（1986～1987，1987～1988，1988～1989，1989～1990，1990～1991，1991～1992，1992～1993，1995～1996，1996～1997，1997～1998）。

·最佳防守球员：1次。

·奥运会冠军次数：2次（1984年洛杉矶奥运会，1992年巴塞罗那奥运会,)。

• 入选全明星次数：14 次（1984～1985，1985～1986，1986～1987，1987～1988，1988～1989，1989～1990，1990～1991，1991～1992，1992～1993，1995～1996，1996～1997，1997～1998，2001～2002，2002～2003）。

• 全明星 MVP 次数：3 次（1988，1996，1998）。

• 全明星扣篮大赛冠军次数：2 次（1987，1988）。

• 入选最佳阵容次数：10 次（1987，1988，1989，1990，1991，1992，1993，1996，1997，1998）。

• NBA1996 年当选“NBA 历史上最伟大的 50 位球员”之一。

• 2009 年入选“奈史密斯篮球名人堂”。

• 10 次得分王。

超级球星介绍：科比·布莱恩特

科比·布莱恩特（Kobe Bryant，1978 年 8 月 23 日—），美国职业篮球运动员，现在效力于 NBA 洛杉矶湖人队，司职得分后卫，被认为是近年表现最佳的 NBA 巨星球员之一。科比·布莱恩特是前 NBA 篮球运动员乔·布莱恩特的儿子。科比是现役 NBA 最好的得分手，突破、投篮、罚球、三分球他都驾轻就熟，几乎没有进攻盲区，单场比赛 81 分的个人纪录就有力地证明了这一点。除了疯狂的得分外，科比的组织能力也很出众，经常担任球队进攻的第一发起人。另外，科比还是联盟中最好的防守人之一，贴身防守非常具有压迫性。

◆科比

精彩一刻——精彩扣篮集锦

下面大家一起来欣赏一下 NBA 球星的扣篮风采!

◆双手大力灌篮

◆胯下换手扣篮

◆战斧式扣篮

◆单手暴扣

空中截击——排球

球类运动项目之一，球场长方形，中间隔有高网，比赛双方（每方六人）各占球场的一方，用手把球从网上空打来打去。排球运动使用的球，用羊皮或人造革做壳，橡胶做胆，大小和足球相似。

◆排球运动

排球的起源

排球运动源于美国。1895年，由美国马萨诸塞州（旧称麻省）霍利约克市，一位叫威廉斯·盖·摩尔根的体育工作人员发明。当时，网球、篮球很盛行。摩根先生认为篮球运动太激烈，而网球运动量又太小，他想寻求一种运动量适中，又富于趣味性，男女老少都能参加的室内娱乐性项目，就想把当时已广为流行的网球搬到室内，在篮球场上用手来打。这种游戏开始时，他将网球网挂在篮球场上，用篮球隔网像打网球一样打来打去进行游戏。但室内篮球场面积较小，网球容易出界，于是他作了某些改进：一是把网球允许球落地后再回击的规则改为不许落地；二是把网球的体积扩大；三是篮球太大、太重，不能按预想的方式进行游戏，便尝试改用篮球胆。

◆排球运动

你知道吗？

这种新上市的球类项目，最初没有固定的名字，也没有一定的场地和规则。参加比赛的双方人数不限，只要不使球落地，从网上回击到对方场地便行。这个新的运动项目最初起名叫 mintonette（小网子），第二年（1896 年），斯普林菲尔德市立学院的艾·特·哈尔斯戴特博士将此球命名为“华利波”（Volley Ball），意为“空中击球”，这个名字沿用至今。

知识库——中国女排五连冠

◆女排夺冠精彩瞬间

中国女排五连冠群体是指 1981 年至 1986 年，中国女子排球队在世界杯、世界锦标赛和奥运会上 5 次蝉联世界冠军，成为世界排球史上第一支连续 5 次夺冠的队伍。中国女排坚定“为国争光”的信念，刻苦训练，顽强拼搏。她们对发球、拦网等技术动作几乎每天都要练习成百上千次，对训练比赛造成的肩、腰等伤痛从不叫苦叫累。凭着坚韧的毅力，她们练就了过硬的技术本领，形成了以快速多变为主体、兼备高打强攻的独特风格。在她们身上完美地诠释了顽强拼搏、团结奋斗、无私奉献、为国争光的中华体育精神。中国女排夺冠后，五星红旗一次次升起、国歌一次次奏响的场景，让中华儿女热血沸腾。一时间，各行各业掀起了学习女排精神、发扬女排精神的热潮。

沙滩排球

1920 年起源于美国加利福尼亚的 Santa Monica；1927 年开始传入欧洲，在当时是法国“裸体主义者”的活动项目之一。20 世纪初排球运动逐

渐移到室外。由于它的运动量可大可小，参加人数可多可少，引起了男女老幼的喜爱。在海滨、游乐场、体育场到处都能见到排球。其在美国的开展比竞技排球更为广泛，被视为美国排球的“国粹”。一到夏季，人们便涌向海滩，架起球网，在柔松的沙滩上，充足的阳光下，尽情地跳跃、滚翻、鱼跃。人们还把游泳、冲浪、打排球结合起来，享受着大自然赋予人类的乐趣。

◆沙滩排球比赛

排球明星介绍——郎平

郎平，著名女子排球运动员、教练员，凭借强劲而精确的扣杀而赢得“铁榔头”绰号。曾入选中国体育劳伦斯奖第二届（1980年）十佳名单。郎平是20世纪80年代世界女子排球界“三大主攻手”之一，她身体素质好，弹跳力强，摸高可达3.17米，快攻变化多，网上技术突出，以四号位高点强攻著称，是队里的核心人物。

◆郎平

排球明星介绍——汪嘉伟

汪嘉伟，排球运动员、教练、运动健将。上海市人。1955年9月27日出生，1973年入福建队。1976年被选入国家队。后任国家男子排球队副队长。善于一传扣球，拦网技术尤佳。这位“空中飞人”在九米长的球网前翩然飞舞，让对手眼花缭乱、防不胜防。1977年汪嘉伟随中国男排参加第二届世界杯男子排

体育与竞技

◆汪嘉伟

球赛，他在网前打出的前飞背飞等一系列快攻战术，震撼了世界排坛。赛后，他被誉为“世界排坛第一飞人”和世界最佳快攻手，入选由世界杯组委会评出的六人世界最佳阵容——“世界明星队”，这也是亚洲球员在世界排坛获得的为数不多的殊荣。他的身高、弹跳、爆发力、空中停顿的时间长，非常具有优势，以此为基础，才发明了排球界非常有名的“前飞”、“背飞”。人帅球靓的汪嘉伟在当年的号召力，绝不亚于今日的贝克汉姆。据说他在日本参加比赛时，日本的女球迷为了一睹这位超级偶像的风采，把他住的酒店对面的三层楼房统统包了下来。中国的女球迷对汪嘉伟更是欣赏有加，用尽一切方法表达对汪嘉伟的倾慕之情。

拓展思考

1. 排球起源于哪个国家？

2. 中国女排五连冠是怎么回事？

3. 关于沙排知识你知道多少？

4. 你听说过郎平训练的故事吗？通过阅读认识一下这位中国女排巨星吧。

隔网的截击——羽毛球

羽毛球是一项隔着球网，使用长柄网状球拍击打平口端扎有一圈羽毛的半球状软木的室内运动。依据参与的人数，可以分为单打与双打。相较于性质相近的网球运动，羽毛球运动对选手的体格要求并不很高，却比较讲究耐力，是一项适合东方人的运动。自1992年起，羽毛球成为奥运会的正式比赛项目。

◆羽毛球

羽毛球的起源

1870年，英国一位公爵在他的领地开游园会，天公不作美，下起雨来。他为使客人们不扫兴，就改在室内进行羽毛球游戏。结果与会者情趣横生。此后，这项运动便风靡英国。1893年，英国14个羽毛球俱乐部组成羽毛球协会。18世纪时，印度的蒲那城，出现类似今日羽毛球活动的游戏，以绒线编织成球形，上插羽毛，人手持木拍，隔网将球在空中来回对击。这种游戏流行的时间不长便消失了。

◆球拍击球瞬间

中国羽毛球的发展

◆林丹跳杀球

现代羽毛球运动约于 1910 年传入我国，最早在上海，随后在广州、天津、北京、成都等城市的基督教青年会和学校中有所开展。新中国成立后，党和政府十分关心人民群众的健康，体育运动得到了蓬勃的发展，羽毛球运动也逐渐为群众所喜爱，并成为我国重点开展的项目之一。

经过几十年发展，我国涌现出了杨阳、赵剑华、熊国宝、李永波、田秉义和林瑛、吴迪茜、李玲蔚、韩爱萍、林丹等一批世界羽坛顶尖高手，从而奠定了我国羽毛球技术水平处于世界羽坛领先地位的基础，在一系列世界大赛中为祖国夺得了众多的金牌，创造了中国羽毛球历史上的辉煌时期。

羽毛球联赛介绍

◆中国队第六次捧起汤姆斯杯

介绍两个现在世界上比较有名的羽毛球联赛：

汤姆斯杯

1934 年国际羽联成立时，英国人乔治·汤姆斯（George Thomas）被选为主席。5 年后，汤姆斯在国际羽联会议上提出，组织世界性男子团体比赛的时机已成熟，并表示将为这一比赛捐赠一个奖杯，称为“汤姆斯杯”。

此建议得到了大会的赞同，但由于第

二次世界大战的爆发，原定1941的前后举办的这项比赛被耽搁下来。二战结束后，国际羽联终于在1948年到1949年间，在苏格兰举办了第一届汤姆斯杯赛，马来西亚成为第一个名称刻在汤姆斯杯上的国家。从1982年起，该项团体赛改为每两年举办一届，而且赛制也从以往两天9场5胜（5单4双）改为一天5场3胜（3单2双）。至1998年，该项杯赛已举办了20届，冠军杯一直在亚洲的印度尼西亚、马来西亚和中国队之间流动。其中印度尼西亚战绩最佳，共13次捧杯；马来西亚队先后5次夺冠；中国队是从1982年开始参加汤姆斯杯赛的，并在参加的13届比赛中7次把汤姆斯杯捧回。

◆羽毛球混双比赛

超级明星介绍——林丹

林丹，1983年10月14日出生于福建龙岩上杭，客家人。林丹5岁开始练习羽毛球，9岁进福建体校，1995年11月（12岁）进入八一体工队（福州），教练是何国权。

2001年（18岁）进入国家队，教练是伍佰强、汤仙虎、钟波、李志峰。林丹左手握拍，以拉吊突击为主打法，进攻意识强，场上速度快，进攻落点好，攻击犀利，步法灵活，扣杀较具有威胁。林丹进步神速，有一股与生俱来的霸气。教练钟波曾说，林丹具有成为一名世界高手的气质。国家羽毛球队总教练李永波也曾

◆林丹比赛中

感叹林丹将是中国羽毛球未来第一男单最有力的争夺者。2002 年 8 月 22 日，不满 19 岁的林丹竟登上国际羽联排名第一的位置，尽管保持的时间仅有一周。自 2004 年至 2008 年，林丹在羽联超级系列赛和各项国际大赛中多次获得冠军，长时间占据男单世界排名第一的宝座，曾被称为“超级丹”。

尤伯杯

◆中国队荣获尤伯杯

尤伯杯是世界女子羽毛球团体锦标赛（尤伯杯赛）的奖杯，因由尤伯夫人捐赠而得名。杯高 18 厘米，有地球仪样的体部，在球体顶部有一羽毛球样模型，此模型的上端站着一名握着球拍的女运动员。它的底座的周围雕刻着这样的词句：“尤伯夫人于 1956 年赠送国际羽毛球联合会组织的国际女子羽毛球冠军挑战杯”。尤伯杯赛制同汤姆斯杯赛一样，在 1982 年以前是每三年举行一次，比赛采用七场四胜制，自 1984 年开始，改为每两年举行一次，采用五场三胜制。

超级明星介绍（一）——陶菲克

◆陶菲克比赛中

陶菲克 1981 年出生于印度尼西亚。1996 年陶菲克被一伯乐慧眼识中，此后不久便闯入国际羽坛。1999 年赢得亚洲青年锦标赛冠军，同年年仅 17 岁的陶菲克便在全英羽毛球公开赛决赛中显示出了他不俗的才能。虽然决赛中陶菲克以 15—11、7—15、15—10 败于世界头号选手丹麦的皮特·盖德拍下，但比赛打得异常艰苦，同时这场比赛也使陶菲克受到世人注目。

陶菲克被认为是当今羽坛男子单打项目中的天才选手，他技术全面，在场上充满了创造力和想象力，网前的小球技术及反手“惊世一拍”更是出神入化。他是世界羽坛男单运动员中第一位也是迄今为止唯一一位集奥运会、亚运

会、世锦赛、汤姆斯杯冠军于一身的大满贯球员，也是印度尼西亚公开赛六冠王得主。

拓展思考

1. 羽毛球最早起源于哪个国家？
2. 羽毛球在中国的发展状况如何？
3. 你知道林丹吗？
4. 你知道汤姆斯杯和尤伯杯吗？通过阅读讲讲这两个奖杯的来历。

中华民族的骄傲——乒乓球

◆发球

乒乓球，被称为中国的“国球”。是一种世界流行的球类体育项目。我们国家在乒乓球历史上占有很强的地位，20 世纪 60 年代以来，我国选手取得世界乒乓球比赛的大部分冠军，甚至多次包揽整个赛事的所有冠军。

乒乓球名（ping pong）的来源

◆马琳在比赛

一位美国制造商以乒乓球撞击时所发出的声音创造出 ping-pong 这个新词，作为他制造的“乒乓球”专利注册商标。ping-pong 后来成了 table tennis 的另一个正式名称。当它传到中国后，人们又创造出“乒乓球”这个新的词语。

在日语里，乒乓球叫做“卓球”。乒乓球运动的很多用词是从网球来的。打乒乓球所用的球叫 ping-pong 或 table-tennis ball，乒乓球台叫 ping-pong table，台面称 court，中间的球网称 net，支撑球网的架子叫 net support。

知 识 窗

乒乓球运动的由来

1890年，几位驻守印度的英国海军军官偶然发觉在一张不大的台子上玩网球颇为刺激。后来他们改用空心的小皮球代替弹性不大的实心球，并用木板代替了网拍，在桌子上进行这种新颖的“网球赛”，这就是 table tennis 得名的由来。

中国乒乓球的发展

中国乒乓球运动是从日本引进来的。20世纪初叶，日本明治维新之后不久，日本许多工商业纷纷到中国沿海城市设立商业机构，把大量的商品推销到中国市场，于是乒乓球运动也随着商业交往的日渐频繁传入中国。紧接着乒乓球在中国蓬勃开展起来。自容国团1959年赢得第一个世界冠军至今，中国乒乓球队近50年来在世界三大赛中共为祖国夺取了100多个世界冠军，并且囊括了4次世锦赛、2次奥运会的全部金牌，创造了世界体坛罕见的长盛不衰的历史。

知识库——世乒赛

◆从左至右分别为斯韦思林杯、考比伦杯、圣—勃莱德杯、盖斯特杯、伊朗杯、波普杯和赫杜塞克杯

世界乒乓球锦标赛，又称“世乒赛”，自1926年12月6日在英国伦敦举行

首届起，至今已举行了49届大赛。世乒赛共设有7个正式比赛项目，每一项目都设有来自不同的国度的专门奖杯，各项奖杯都是以捐赠者的姓名或国名命名的。世乒赛的所有奖杯都是流动的，获胜者只在奖杯上刻上自己的名字。各项冠军获得者可保有该奖杯到下一届世乒赛开赛前，然后交给新的世乒赛再争夺。唯有男女单打冠军，如连续3次获得“圣—勃莱德杯”或蝉联4次获得“吉—盖斯特杯”，则由国际乒联制作一个相当于原奖杯一半大小的复制品，永远由获得者保有。世乒赛的7个奖杯都是银质的。

中国乒乓球俱乐部超级联赛

中国乒乓球俱乐部超级联赛是由中国乒乓球协会与中央电视台联合主办的精品赛事，每年举行一届，设有男子团体、女子团体两个比赛项目。从1994年全国体育改革起，中国开始成立乒乓球俱乐部，并于1995年12月在广东开始举办首届中国乒乓球俱乐部比赛。

1999年在安徽省合肥市举行的全国乒乓球教练员工作会议上，中国乒协推出了调整2000年乒乓球国内竞赛体制，将甲级联赛升格为超级联赛，被视为中国乒乓球超级联赛的开端。

中国乒乓球俱乐部
超级联赛
CTTSL

◆CTTSL标志

超级明星介绍——王楠

王楠于1985年开始接触乒乓球，1989年进入抚顺市体校，师从张晶清；1992年进入辽宁省队，教练是张抗美；1995年入选中国国家队，教练曾传强。从1996起在国际乒联公布的女单世界排名中位次逐年提升，1996年第5，1997年第3，1998年第3，1999年第1，2000年第1，2001年第1，2009年还保持第一号！

王楠的技术特点是：左手横握球拍，弧圈球结合快攻打法。她的心理素质好，情绪稳定，处理球恰到好处，善于调节击球的节奏。前三板突出，给对手致命一击，抢拉弧圈球旋转强、落点好，善于掌控比赛的节奏，快攻有章法。所使用的球拍底板是TSP型，原先海绵胶皮正反两面是天津729型，釜山亚运会后，

海绵胶皮改为狂飙2、狂飙3。

2006年不来梅世乒赛夺得女团冠军后，王楠以19个冠军头衔超越邓亚萍，成为中国夺得世界冠军最多的乒乓球选手。尽管在2004年之后就将一姐的王杖交给了更年轻的张怡宁，但是王楠在场上的霸气和定海神针的作用让她仍是中国女队不可或缺的大姐大。王楠获得的世界冠军已达到24个。

◆王楠比赛中

拓展思考

1. 你知道乒乓球名字的来源吗？
2. 你了解乒乓球在中国的发展吗？
3. 你了解中超乒乓球联赛吗？
4. 你对王楠了解多少？

时尚运动——网球

◆杜尔科比赛中

网球（tennis）是一项优美而激烈的运动，网球运动的由来和发展可以用四句话来概括：在法国孕育，在英国诞生，在美国开始普及和形成高潮，全世界盛行。被称为世界第二大球类运动。

话说网球起源

◆早期的网球运动

现代网球运动一般包括室内网球和室外网球两种形式。网球运动最早起源于 12 至 13 世纪法国传教士在教堂回廊里用手掌击球的一种游戏，后来成为宫廷里的一种室内消遣娱乐活动。也有人认为，网球运动的起源应追溯到“百年战争”（1337 年—1453 年英法两国战争）以前在法国民间流传的一种名叫海欧德巴乌麦的球类游戏。据说这种游戏是两个人进行的，每人各执一个球拍，球场的周围筑有围墙，球撞到墙上后被弹回去，而后过网。因此，无论在使用的场地和器具上，还是在进行游戏的方法上，它与现代网球运动都有许多相似之处，所以有人把它看作是网球运动的原初

形态。网球的直径在6.541和6.858厘米之间。起初的网球，只是用两个半球填充草、树叶或头发等制成的，后来随着网球的不断发展，球的制作也越来越讲究。

网球与奥运的故事

网球运动自首届奥运会之后发生了很大变化，今天的奥运会网球比赛吸引了众多耀眼的明星。这些习惯了五星级宾馆和高额比赛奖金的职业网球选手在奥运会期间同样要呆在奥运村里，比赛没有奖金，他们仅仅是为了金牌而战。网球在1896年被列为奥运会正式比赛项目。1924年，因职业运动与业余运动很难划出一条界线等多种原因，又退出了奥运会。1984年被列为奥运会表演项目，1988年汉城奥运会恢复为奥运会正式比赛项目。网球在与网球职业比赛一样，奥运会网球比赛也采用淘汰制，输一场就彻底被淘汰。网球比赛也以多种比赛形式出现，如温布尔顿网球锦标赛。男子比赛除了决赛，所有比赛采用三盘两胜制；而女子的所有比赛均为三盘两胜；半决赛胜者争夺冠军，负者争夺第三名。2008年北京奥运会网球项目比赛场地为奥林匹克森林公园网球场。

◆纳达尔在北京奥运会比赛中发球

想 一 想 议 一 议

什么是ACE球？

网球中，ACE球就是对局双方中一方发球，球落在有效区内，但对方却没有触到球而使之直接得分的发球。如果对方触到球，而出界或下网，则只称作发球得分，而不是ACE球。

网球在中国的发展

◆网球比赛中

19世纪中叶，中国陆续开放了一些沿海通商口岸，西方的官员、商人、传教士和驻军络绎而至，网球运动由他们带进中国。网球运动在中国兴起后，各大城市相继出现网球会和俱乐部组织，都是由一些社会团体和网球爱好者自发组成。这种组织在上海和北京最多，天津、青岛、太原、南京、武汉、广州、重庆、昆明、成都也有一些。1931年，中华全国体育促进会组织成立中华网球会，开展活动参与比赛。19世纪30年代，上海网球运动开展得十分活跃，但仍以外侨为主。20世纪60年代初期，由于国家经济困难，全国性的网球比赛一度停顿，直到1964年才恢复举办网球比赛。但在1966年后的几年间，也即文革前期，网球比赛和活动都被取消。

在经历了20多年谨小慎微的尝试之后，2009年至今，中国网球放权，四朵金花单飞。新措施实施后，运动员获得更大的自主权，真正走上自负盈亏的道路。自己花钱聘请教练、安排训练、支付参赛费用，比赛奖金是她们获得的回报；奖金上交的比例也大幅下降，同时，必须无条件代表国家参加联合会杯等重大比赛，这与国外职业网球运动员的参赛模式已相当接近。这样可以更大地调动运动员的主动性，争取打出好成绩，提升自己的排名，获得更多的奖金。而在这项举措中，实现了举国体制与“中国特色职业化”的融合。

单飞之后中国网球又迈上了一个新台阶。2010年澳网，李娜和郑洁双双杀入四强，年底的亚运会，中国队在李娜和彭帅的带领下拿回阔别多年的亚运会女团冠军，而彭帅还拿到了女单金牌。2011年，李娜先是在澳网历史性杀入大满贯决赛，然后获得法国网球公开赛女单冠军，成为中国乃至亚洲在网球四大满贯赛事上夺得的第一个单打冠军，同时世界排名追至第4位，追平日本选手伊达公子创造的前亚洲女子网球最高排名。可以说，网球职业化已经对中国网球的发展起到了立竿见影的作用。

超级明星——费德勒

◆网球比赛中

费德勒作为瑞士新一代球员的领军人物，19岁时就被很多网坛前辈看好有能力在世界男子网坛作出一番惊天动地的成绩，甚至还被球迷冠以“桑普拉斯接班人”的称号。

毫无疑问，这位28岁的瑞士人已经在当今的网球世界中拥有了至尊地位。自2003年温网以来，他已经获得了16个大满贯冠军，并四度在年终大师杯赛夺冠，更为重要的是，他曾在积分榜上比第2名纳达尔多出将近2500分，其球王地位无可撼动。

他的技术特点：费德勒的正手采用半西方式握拍，因其变化多端、威力惊人，而被普遍认为是史上最好的正手，并享有“上帝之手”的美誉，这是他获取胜利的杀手锏。他的正手球路多变，角度能打得很开，而且落点很准，力量、速度、角度皆趋于完美，可谓变幻莫测，常常能一击致命。一般对手回到中场的浅球他都能一拍打死，并且很少浪费这种得分机会，做到这点是很不容易的。他的反手很有特点，削球技术无与伦比。他的削球不是简单的过渡，而是结合正手进攻的杀招，他经常能用反手把球削到对手反手位靠近网的地方，将对手调动到中场或者网前，一般这种削过去的球，落地后的反弹高度很低，往往能令对手的回球出线，这时候费德勒便能够从容地在中场用正手打对方正手位的空档，这是他比较典型的一个战术。他的反手的上旋球也很厉害，角度极大，经常能够出其不意地战胜对手。

拓展思考

1. 网球起源于什么时间？
2. “ACE”球是指什么样的球？
3. 网球在中国的发展情况如何？
4. 关于网球巨星费德勒你了解多少？

力量与技术结合的项目——棒球

◆棒球奥运冠军——希兹

棒球运动是一种以棒打球为主要特点，集体性、对抗性很强的球类运动项目。它在国际上开展较为广泛，影响较大，被誉为"竞技与智慧的结合"。在美国、日本尤为盛行，被称为"国球"。它是一种团体球类运动，规定比赛人数最少为9人，其近似的运动项目为垒球。棒球球员分为攻、守两方，利用球棒和手套，在一个扇形的棒球场里进行比赛。比赛中，两队轮流攻守：当进攻球员成功跑回本垒就可得1分。九局中得分最高的一队就胜出。

传奇故事——棒球起源

根据美国有关专家多年来的考证：棒球运动源于英国的板球（Cricket，也称圆场球 Rounder）。1839年，美国人窦布戴伊（Doubleday）组织了第一场与现代棒球运动十分相似的比赛。

◆棒球比赛

1845年，美国人亚历山大·乔伊·卡特赖德（Alexander Joy Cartwright）为统一名称和打法，制定了有史以来第一部棒球竞赛规则，规定的场地图形和尺寸至今仍沿用，并正式采用了棒球（Baseball）这一名称等多数规则条文这一名称也一直沿用至今。因此，现代棒球运动源于英国而发展于美国。1839 年，美国纽约州古帕斯镇举行了有史以来的首次棒球比赛。1860 年，美国开始出现职业棒球运动员。1871 年美国成立了“全国职业棒球运动员组织”；1876 年该组织改名为“全国棒球联合会”。1881 年成立另一个全国性的职业棒球组织，即后来的“全美职业棒球联合会”。1884 年首次举行这两个组织间的冠军赛，即“世界棒球冠军赛”。此后，1910 年时任美国总统威廉姆·霍华德·塔夫脱（William Howard Taft）正式批准棒球运动为美国的“国球”。

棒球在中国的发展

◆奥运会中国棒球队名列第八

◆球棒和球

中国人打棒球的最早记载，为中国工程师詹天佑在美国耶鲁大学留学时（1877—1881 年）组织的“中华棒球队”，以后从美国、日本归国的华侨及留学生把棒球运动带回了祖国。

棒球动静结合，分工明确。队员之间既强调个人智慧和技能，又必须讲究战略战术，互相配合，责任清晰，又必须主动配合，相互服务，必要时为顾全大局，个人要甘于牺牲自我。

蔚蓝的天空下，茵茵的绿草，放下工作中的负担，把自己交给你的团队，你身边的队友就是你平时的同事，在充满趣味性的棒球比赛中，你更能体会到信任、包容与鼓励的重要性，在棒球中每个人都有作为一个掌控者的机会，并且要有自身的定位和你对大局的判断。在火热的竞技对抗中，全身心地投入，在你尽情奔跑的时候，在你和大家一起讨论战术的时候，其实，你们正在创造一个属于你们自己的奇迹。

著名球队简介——纽约扬基队

纽约扬基队（又译纽约洋基），英文名 New York Yankees，英文缩写NYY，是美国职棒大联盟中隶属于美国联盟的棒球队伍之一，现在也已经成为世界著名的体育俱乐部，主场位于纽约的布朗斯区。在美国联盟的分区中，属于美联东区，且由于球队超过一百年的历史，故在美国体育历史中也拥有最多著名的历史事件。

◆纽约扬基队标志

◆纽约扬基队约什·汉密尔顿

纽约扬基队曾在 39 次世界大赛中，赢得 27 次冠军，紧跟在它后面的，分别是圣路易红雀队与奥克兰运动家队的 9 次冠军。曾参与过 18 次世界大赛的洛杉矶道奇队，则是参与世界大赛的次数排名第二。在北美主要体育项目中，最为接近冠军纪录的是美国冰上曲棍球联盟之蒙特罗甘乃迪队的24 次史坦利杯冠军。而纽约扬基队也是在所有的球队中，唯一每个守备位置皆有球员获选登录棒球名人堂中的球队。

著名球队简介——波士顿红袜队

美联元老球队之一的红袜队是最受欢迎的球队之一，世界各地都有红袜队的球迷。不同于其他的球迷，红袜的球迷，大多都像电影“极度狂热”（Fever Pitch）中的男主角一样，疯狂地爱着、支持着红袜队。这些球迷被统称为“芬

威信徒众（Fenway Faithfuls)”。芬威球场是历史最悠久的棒球场之一，于1912年启用。名闻中外的左外野高墙“绿色怪兽”（Green Monster）建于1917年，本是为了保护球场外面的大街，现在却成为了波士顿著名的地标，也是美国棒球的圣地之一。也正是因为这堵高墙，使得很多在其他球场不可能成为安打的球会被墙拦下成为安打，因此红袜队的风格也就偏重攻击。芬威球场由于年代久远，观众容量不多，仅36000多人，更让红袜队比赛的球票炙手可热。红袜队同宿敌扬基队一样，是支豪门球队，总薪资居高不下，近年来战绩也一直不差，已经成为季后赛的常客。

◆红袜获职棒大联盟总冠军，洛威尔捧起MVP奖杯

超级明星——贝比·鲁斯

美国职棒史上20世纪30年代的扬基强打者，带领扬基取得多次世界大赛冠军。左打者，身高188厘米（6英尺2寸），体重98千克（215磅），1919年～1921年连续三次打破大联盟全垒打纪录，1927年更创下单季154场比赛击出60支全垒打的纪录。在美国联盟12度夺下全垒打王，有四个球季全垒打超过50支，11个球季全垒打超过40支。在22年大联盟生涯中共击出714支全垒打，这个纪录直到1974年才被汉克·阿伦打破。

◆贝比·鲁斯比赛中

1914年在波士顿红袜队以投手身份展开大联盟生涯。1920年红袜把他卖给扬基，1935年被扬基卖到波士顿勇士，并在该年结束后宣布退休，并留下不少纪录，其中714全垒打直到1974年才被汉克·阿伦打破。1936年成为首批入选棒球名人堂的5人之一。1998年运动新闻将他排在百大棒球员的首位。1999年由球迷选入世纪球队。2006年被贝瑞邦兹打破左打者最多全垒打纪录。

贵族运动——高尔夫球

◆高尔夫球运动

“高尔夫”是荷兰文 kolf 的音译，高尔夫球是一种在优美环境中进行的高尚娱乐活动。因为玩这种游戏设备昂贵，所以在一些国家又叫它“贵族球”。“高尔夫”原意为“在绿地和新鲜空气中的美好生活”。这从高尔夫球的英文单词 GOLF 可以看出来：G——绿色；O——氧气；L——阳光；F——脚部活动。它是一种把享受大自然乐趣、体育锻炼和游戏集于一身的运动。

高尔夫球起源

◆高尔夫球最早的记载

高尔夫球起源于 15 世纪的苏格兰。当时的牧羊人常用赶羊的棍子玩一种击石子的游戏，比谁击得远击得准，这种游戏后来就演变成为高尔夫球。19 世纪，高尔夫球传入美国。1922 年，世界上第一次国际性比赛是美国对英国的“沃克杯”高尔夫球对抗赛。高尔夫球于 20 世纪初引入中国。高尔夫球运动是在室外广阔的草地上进行，设 9 或 18 个穴。运动员逐一击球入穴，以击球次数少者为胜。比赛一般分单打和团体两种。

1860 年，英格兰举行了最早的高尔夫球公开赛。在这一年中，印度、加拿大、新西兰、美国等国家也相继举办比赛，继而进行国际、洲际以及

世界性的比赛。现在的世界杯、英格兰和美国公开赛这三项比赛，可以说是高尔夫球的最高水平的竞赛。

广角镜——高尔夫在中国

◆中国古时候的高尔夫

根据《丸经》记载，捶丸游戏者互相尊重对方，还从对方的立场考虑如何击球，是一项十分绅士的运动。元朝时期的绘画“推丸图壁画”也证明了“捶丸”就是现在的高尔夫。

明朝时期所绘的“宣宗行乐图”也印证了此观点。体魄健壮的宣宗手持杆正在凝视前方，好像在思索如何挥杆击球。宣宗准备一杆将球击过大树。此画一角还有手持球杆奔跑过来的球童。这正是早期中国高尔夫球运动的写照。

捶丸的打法和高尔夫球也一致。如“人将木圆球儿打起老高，使落于窝内”，“击起球儿落入窝者胜”，“球行，或腾起，或斜起，或轮转，各随窝所在之宜”，“或立而击，或跪而击，节目甚多”。这些记述非常形象地说明：人在打球时，只能是站着将球打起老高，击起的球在空中作弧形滑行，要越过“障碍”落入窝者才为胜。像今天的高尔夫球比赛一样，那时的捶丸就有侧旋球、内外旋球等不同击球方式了。而且，除了站着击球式还有跪着击球式，各种姿势很多。

高尔夫球场

高尔夫球场一般设在风景优美的草坪上，中间需要有一些天然或人工设置的障碍，如高地、沙地、树木、灌丛、水坑、小溪等。球场的形状没有统一的标准。9 个球洞的场地面积为 3034 平方米；18 个球洞的场地面积为 6400 平方米。球洞直径 10 厘米，深约 10.5 厘米。每个球洞的旁边插一面小旗，距离洞口 100 米或 500 米处设一个发球点。

◆高尔夫球场全景图

◆高尔夫球场上高尔夫球

高尔夫四大满贯赛

◆美国名人赛比赛中

在所有高尔夫球职业比赛中，级别最高、影响力最大、人气最旺的比赛即美国名人赛、美国公开赛、英国公开赛和美国PGA锦标赛，该四项赛事被称为四大满贯赛。4月大师赛（名人赛）1934年创设，每年在乔治亚州的奥古斯塔球场（Augusta National Golf Club）最负盛名的举行邀请赛。美国名人赛可谓是最负盛名的世界高尔夫球比赛。它具有特殊的参赛规定，其总奖金和冠军奖金是四大赛中最高的。它是四大赛中唯一场地固定的比赛，美国名人赛获胜次数最多的球员是Jack Nicklaus，共6次。

◆英国高尔夫公开赛比赛中

6月美国高尔夫球公开赛：1895年设立，由美国高尔夫球协会主办，是高球界最具权威且最难获胜的赛会，职业与业余球员皆可参加。美国公开赛的全称是美国公开锦标赛，由美国高尔

夫协会（USGA）主办。每年 6 月在美国的不同球场举行比赛。比赛分四天举行，每天打 18 洞，共 72 洞。

◆第 89 届美国 PGA 锦标赛开杆福兰斯开球

7 月英国高尔夫球公开赛：世界上历史最悠久的高尔夫球比赛；1860 年由英国高尔夫球协会开办。英国公开赛的全称是英国公开锦标赛，由皇家古代高尔夫俱乐部主办。英国公开赛是四大赛之一，它是世界高尔夫史上最古老也是最负声望的大赛，这届比赛于 1860 年举办，当时只有 8 人参加。但如今从规模来看，它是四大赛中参赛人数最多的一个，1993 年参赛人数达 1827 人。比赛为分四天进行的比杆赛，共打 72 洞。Harry Vardon 是该项比赛获胜最多的球员，共 6 次。

◆美国高尔夫公开赛比赛中

8 月 PGA（美国职业高尔夫球锦标赛）：由美国职业高尔夫球协会主办，非会员无资格参加；1916 年开始比赛，优胜者终其一生可以不经预赛即参加 PGA 主办的比赛。1957 年以前采用 matchplay（比洞赛，以进洞数决胜负），1958 年以后改采用 stroke play（以总杆数决胜负）。PGA 锦标赛在四大赛中奖金总额第二位，冠军奖金额仅次于美国名人赛，列第二位。每年 8 月举行，是四大赛的最后一项。1916－1957 年采取比洞赛方式，1958 年至今采取比杆赛方式。Walter Hagen 和 Jack Nicklaus 分别赢得 5 次冠军，是此项赛事获胜最多的球员。

小知识

高尔夫选手带几支球杆参赛？

在正规的竞赛中，每位选手只能携带十四支以内的球杆参赛，球杆若少于十四支时可补充到十四支。比赛中可更换损坏或不堪使用的球杆，但以不耽误比赛为原则；而且不论补充或更换球杆，皆不得向球场上任何一位参赛者借用。球杆一旦借出后，直至比赛终止，借出的球杆将供借用者使用，借出的一方不得使用之。

知识库——高尔夫球的外形

◆高尔夫球

高尔夫球表面有意制造了许多的凹痕。高尔夫球的形状是空气动力学研究的成果之一。这与球体绕流（即绕球体的流动）的湍流转捩及分离流现象有关。光滑球体绕流时，湍流转捩发生得晚，与湍流对应的规则流动称为层流。而层流边界层较易发生流动分离现象（即流线离开球的表面），造成球体背后较大的死水区，产生很大的阻力（形阻）。使高尔夫球飞行的距离很小。而球体表面有凹痕时，凹痕促使湍流转捩发生，湍流边界层不易发生流动分离现象，从而使球体背后的死水区小，减少了阻力，使高尔夫球飞行的距离增大。湍流的摩阻比层流要大，但与形阻相比，起的作用很小，总的阻力还是变小了。高尔夫球表面的小突起，也能起到促使分离的作用，但突起对流动的干扰有些难以控制，造成一些侧向力（也可以叫升力）。球体规则绕流是没有升力的，旋转会产生升力，合适的升阻比会使飞行距离增大，不同的旋转方向会造成“香蕉球”的效果。另外高尔夫规则规定高尔夫球不得被设计、制造或有意更改为具有不同于球体对称性的特点。

高尔夫球运动的精神

与许多其他运动项目不同，高尔夫球运动大多是在没有裁判员监督的情形下进行的。这项运动依靠每个参与者主动为其他球员着想和自觉遵守

规则的诚实和信用。不论对抗多么激烈，所有球员都应当自觉约束自己的行为，在任何时候都表现出礼貌谦让和良好的运动精神。这就是高尔夫球运动的精髓。

◆高尔夫比赛

1. 高尔夫的比赛是依照规则，球从发球区被打出以后直至球被打入洞为止。常见的有比洞赛、比杆赛。

2. 球员不得商议、排除任何规则的应用或免除已被判决的处罚，否则将取消比赛资格。

3. 比赛迟到时，A. 取消比赛资格；B. 在发球后，五分钟内赶到发球地点，并做好准备，对其未及时发球的处罚可以以“比洞赛，第一洞负；比杆赛，第一洞加罚二杆”代替取消资格的处罚。

超级明星——泰格·伍兹

◆艾德瑞克·泰格·伍兹

艾德瑞克·泰格·伍兹是美国高尔夫球手，截至2009年世界排名首位，并被公认为史上最成功的高尔夫球手之一。因为在英文中他的绰号“Tiger”的意思是“虎”，所以在中文中经常被称为老虎。伍兹是加利福尼亚人，从小在洛杉矶地区长大。

获得荣誉：

2009年　别克公开赛冠军。

2008年　万事达卡阿诺德帕尔默邀请赛美国公开赛。

2007年　美国PGA锦标赛冠军。

2005年　别克邀请赛、福特锦标赛、美国名人赛、英国公开赛。

2004年　埃森图勒比洞锦标赛。

2003年　美国运通锦标赛、西部公开赛、希尔湾邀请赛、别克邀请赛、埃森图勒比洞锦标赛。

2002年　美国公开赛、美国名人赛、大满贯高球赛、美国运通锦标赛、别克公开赛、德国银行—SAP欧洲公开赛、希尔湾邀请赛。

2001年　美国名人赛、世界挑战赛、NEC邀请赛、纪念巡回赛、德国银行—SAP欧洲公开赛、球员锦标赛、希尔湾邀请赛、尊尼霍加精英赛。

2000年　美国公开赛、英国公开赛、PGA锦标赛、大满贯高球赛、加拿大公开赛、梅塞德斯锦标赛、AT&T圆石滩国家职业—业余赛、希尔湾邀请赛、纪念巡回赛、NEC邀请赛。

1999年　PGA锦标赛、美国运通锦标赛、别克邀请赛、纪念巡回赛、西部公开赛、NEC邀请赛、迪斯尼精英赛、巡回赛锦标赛、德国银行—SAP欧洲公开赛。

1998年　南方贝尔精英赛、尊尼霍加精英赛。

1997年　美国名人赛、梅塞德斯锦标赛、拜伦—尼尔森精英赛、西部公开赛。

1996年　拉斯维加斯邀请赛、迪斯尼精英赛。

拓展思考

1. 高尔夫球起源于哪个国家？
2. 你了解高尔夫球场吗？
3. 关于高尔夫球四大满贯你了解多少？
4. 关于棒球巨星伍兹你了解多少？

篮球与足球的结合体——手球

◆手球比赛

手球是一种很好的运动，因为除了个人的技术之外，全体的合作也非常重要。这项运动的速度快，若要打得有力的话，除了要求很好的体力及过人的技术外，合作也是最重要的一环。手球可说是一种适合不同年龄阶段人士参与的活动。手球是一种“全民运动”。手球的特征是球的体积小，很容易控制，因此也较易发挥出球之劲力。场地面积的要求也较小，球例简单，危险性不大；运动量适宜，全身的筋骨都能活动到；机动性与冲击性强。

手球的起源

◆女子手球比赛

手球是一种起源于德国的球类运动。曾经接触过手球的朋友都知道，基本上，手球就好似篮球加足球的混合物。手球似篮球，除了这两项运动都需要用手去打之外，另外亦因为在手球的发展过程中，有一些规则是由篮球的规则转变而成的。19 世纪末，捷克斯洛伐克、德国、丹麦等国出现类似手球的游戏。1917 年德国柏林体育教师海泽尔（M. Heiser）为女子设计了一种集体游戏，规定运动员只能用手传递或接抛球，双方身体不得接触。1919 年柏林另一位体育教师舍伦茨（K. Schelenz）对海泽尔的游戏规则有所改进，规定持球者传球前可跑 3 步，允许双方身体接触。1920 年制定竞赛规则。1925 年德国与奥地利举行首次国际手球赛。后逐渐在世界各国开展。1928 年举行首届世界男子手球锦标赛，1957 年起举办世界女子手球锦标赛，手球比赛最初每队运动员为 11 名，又称十一人制手球。1965 年改为每队 7 名运动员。男、女手球分别于 1936 年和 1976 年被列为奥运会比赛项目。

小知识——手球的历史

◆男子手球比赛精彩瞬间

◆女子手球比赛精彩瞬间

虽说手球普及全球，但在奥林匹克中的队制手球，在美国却是新崛起的，而且常有身份、名称上的问题。全球各地大部人都称此为”手球”，但在美国已有另一种运动是同一名称的了。大部分的美国人若提到队制手球都会联想到那种参加者在一个四面墙、天花板加地皮所形成的球场内用手把硬球抛向墙壁使其弹回的球类运动。但这一认识并不正确——毫无疑问，队制手球并不是对着墙的。

手球是一个充满活力的球场运动，很好玩而且即使只是观赛也很刺激。首次观赛的人形容手球就好像是用手去“踢”足球般玩球，但他们也都会发觉其中有不少相近篮球、水球、冰棍球的元素。参加者以及观赛者都享受手球那种快而且不间断的节奏，手球在 1920 年时起源于欧洲，与篮球在美国崛起的时间相当(现今在全球都普及了)。国际手球总会成立于 1946 年，现今已有 136 个会员国和 1200 万个登录球员。男子手球是在 1972 年的慕尼黑奥运会中加上的，而女子

手球则在接着的下一届，1976 年的满地河奥运会中加上。在过往的四年中，美国的女子队在 Pan American Games 中夺标，在 1996 年一届的亚特兰大奥运会中得第八名。而男子队则在 Pan American Games 中得第四名，亚特兰大奥运会中得第九名。

手球在中国的发展

中国的手球运动始于 20 世纪 50 年代中期的广东。1955 年，位于广州的解放军体育学院将手球列入教学计划，在国内率先开始手球教学与训练。随后，北京体育学院等一些院校也开展了手球运动的教学。80 年代初期，国内高水平的手球队多达 30 余支。目前，手球在国内约 10 个省市和解放军开展。中国手球运动曾有过光辉的历史。1960 年，组建不久的广州部队队和安徽队曾战胜过来访的世界亚军罗马尼亚男子手球队。1979 年，我国加入国际手球联合会。1982 年和 1984 年，中国男女手球队曾分别获得亚运会冠军和第 23 届洛杉矶奥运会铜牌。2001 年在意大利举行的女子世界锦标赛上，中国女队获得第 11 名。2002 年亚洲锦标赛和亚运会，中国女子手球队均获得第三名。而中国男队在 2002 年亚运会上仅得第七名。

目前，中国女手在亚洲也只能属于二流水准，而男手则更差。国家体育总局手曲棒垒管理中心副主任孟伟表示，近些年来中国手球运动发展很艰难。一是没有群众基础。目前国内注册在案的手球运动员一共才 400 多人，而在北欧一些手球发达国家，一个城市的注册球员可能就超过 1000 人。二是没有比赛可打。很多欧洲国家的手球运动都已经走上了职业化道路，形成了一套成熟的竞赛和人才培养机制，但中国的职业联赛却始终没有搞起来。北京奥运会上，尽管到球馆来看手球的中国观众并不少，但和国外球迷的“疯狂”相比，中国观众中懂手球的人少之又少，很多人不知手球为何物。

◆全国手球超级联赛首轮

和国外运动员从小就开始打手球不同的是，中国手球运动员一般都是“半路出家”的，普遍从十多岁才开始接触手球。中国女手主教练、韩国人姜在源说，中国国家队队员的球龄一般在10年左右，而欧洲队员球龄都快20年了。

知识库——手球变革后的主要趋势

◆北京队队员白洁上跃起射门

20世纪80年代是手球运动史上一次最大的变革时期。这次变革主要是在规则进行了根本性的改革，极大地限制了粗野、凶狠的简单打法，促使技战术进行了有效的革新，为手球运动的长远发展奠定了良好的基础。变革后的主要趋向表现在：

1. 普遍重视了运动员的身材高度。

在1988年的世界锦标赛上涌现出许多2米以上的高大队员，仅苏联队就有四名2米以上的高大队员。这些高大队员奔跑速度快、动作灵活，凭借其身高优势，在攻守上给对方造成很大威胁。现代手球比赛的高空争夺十分激烈，因此，身高已成为运动员选材的重要条件之一。

2. 速度是手球运动发展的主要趋向。

手球比赛的突出特点是速度之争，快速则成为取胜的重要因素。快速不单单表现在反击速度上，而且在阵地进攻方面，已改变了以往的定位打法，实行快速穿插、多位打法，加快了配合的速度，缩短了阵地进攻的时间。快速进攻促使防守速度的提高。要保证有效的攻击，进攻速度必须超过防守的运动速度。因而，攻守速度相互促进、不断发展着。速度在今后手球运动发展中将永远占主导地位。

3. 全面熟练的个人技术与技巧。

快速穿插、移动进攻，要求运动员个人技术必须全面。随着队员在场上的快速移动、穿插攻击，其进攻的职能也要不断变换，后卫可能插入底线攻击，边锋也可能跑到外线射门。因此，必须掌握多位置进攻的技术，掌握多种多样的射门方式，并善于运用多种假动作。由于进攻中不断变换位置，所以打破了组织队员与单纯攻击射手的界限，要求运动员做到既能射门得分，又能巧妙地传球，掌握全面的个人技术与运用技巧。

4. 战术打法更加机动灵活，战术运用更具有针对性。

◆北京奥运手球比赛的精彩瞬间

进攻中采取大幅度的传球转移，队员不停地移动穿插，扩大了进攻的点和面。当前外围远射距离已超过 10 米，由于外围远射攻击的加强，为内线制造了更多的攻击机会，形成了强外助内的机动进攻。外线队员经常插入内线攻击，增加了内线的攻击实力。

手球明星——李薇薇

姓名：李薇薇
性别：女
籍贯：云南昆明
生日：1982.7.7
生肖：狗
身高：1.78 米
教育背景：大学
体重：66 公斤
项目：手球
场上位置：左内锋
球衣号码：19

◆李薇薇

中国国家队手球得分纪录保持者。

1982 年 7 月 7 日，一个手长腿长的女娃娃在昆明降生。23 年后，这个女娃

娃成了国内女子手球场上令对手闻风丧胆的“霹雳手”。初登奥运赛场，她平均每场得6分，与老将翟超同时名列雅典奥运会射手榜第十。

她，就是来自北京部队队的李薇薇，现任国家女子手球队队长之一。拥有良好身体素质和手球球感的李薇薇，从一个稚嫩的手球入门者变成了国家队中不可缺少的将才。首次站在奥运会赛场上的她，在小组赛中每场平均得7分，小组赛结束名列射手榜第三；复赛中因伤不得不减少了上场时间，但只要上场她仍有得分，最终，她与中国队老将翟超并列射手榜第十，较为出色的走完了雅典征程。

强势的攻击力，强硬的防御力，李薇薇早已显示出一名将才的睿智与老道。全国比赛中，李薇薇是各队盯防的重点，几乎都有专门指派的队员贴防她，即便如此，只要上场，她的每场得分不会低于5分。现在看李薇薇比赛有了一种在草原“纵情驰骋”的享受，尤其当她出手打门的一瞬间，迅猛、犀利、强势，因而，“霹雳手”的雅号自然送给了她，虽然她一直认为这个绰号与她场下文静的性格不相符。

拓展思考

1. 手球起源于哪个国家？
2. 你了解手球的历史吗？
3. 你了解哪几位手球明星？
4. 关于手球在中国的发展情况你知道多少？请查阅相关资料了解一下。

运动之母——田径

田径是体育运动中最古老的项目，有“运动之母”的美称。田径运动是人类通过长期社会实践发展起来的。但是，在现实生活中你对田径知识了解多少呢？接下来，我带大家一起走进田径运动之门，了解田径起源及其发展的一些概况。

田 径

田径简介

田径或称田径运动是径赛、田赛和全能比赛的全称。以高度和距离长度计算成绩的跳跃、投掷项目叫“田赛”；以时间计算成绩的竞走和跑的项目叫“径赛”。田径比赛由田赛、径赛、公路跑、竞走和越野跑组成，此外还包括部分田赛和径赛项目组成的“十项全能”。

据记载，最早的田径比赛，是公元前 776 年在希腊奥林匹克村举行的第一届古代奥运会上进行的，项目只有一个——短距离赛跑，跑道为一条直道，长 192.27 米。到公元前 708 年的第 10 届奥运会上，才正式列入了跳远、铁饼、标枪等田赛项目。当时只准男子参加，女子连观看也不行，违者处以死刑。

◆刘翔跨栏瞬间

1894 年，在英国举行了最早的现代田径运动国际比赛，比赛共分 9 个项目。真正的大型国际比赛是

◆短跑瞬间

1896 年开始举行的现代奥运会，它沿用古代奥运会每隔 4 年举行一次的制度，每届奥运会上，田径运动都是主要的比赛项目之一。从 1928 年第 9 届奥运会起，才增设了女子田径项目，此后，女子便参加了田径项目的比赛。

至今，田径运动仍然是体育比赛中观赏性极强的运动之一。

田径是世界上最为普及的体育运动之一，也是历史最悠久的运动项目。田径与游泳、射击被视为奥运金牌三大项目，田径项目共有 51 枚金牌，也是产生奥运金牌最多的项目，“得田径者得天下”也由此而来。

知识窗

田径运动员参加奥运会报名条件

国际田联规定运动员参加奥运会必须在规定时间里达到规定的报名标准，个人项目每个单项达到 A 级标准的最多 3 名运动员参赛，如无达到 A 级标准的运动员，允许 1 名达到 B 级标准的运动员参赛，如无达到 B 级标准的运动员，则允许各报 1 名男女运动员参加除田赛项目、10000 米跑、七项全能、十项全能以外的其他项目比赛。接力项目每个协会每个项目最多 1 个队，接力运动员可报 6 名，其中可报 2 名未达标的运动员。

短距离跑

短距离跑简称短跑。跑是人类与生俱来的基本能力，自古以来就是一种比赛形式，几乎每个国家的文献中都有描述。据史料记载，短跑是公元前 776 年古希腊奥运会唯一的竞技项目，距离为 192.27 米。现代短跑起源于欧洲，最早被列入正式比赛是在 1850 年的牛津大学运动会上，当时设有 100 码、330 码、440 码跑项目。19 世纪末，为规范项目设置，将赛跑距离由码制改为米制。初为职业选手的表演项目，后逐渐扩展到业余运动员。运动员比赛时必须使用起跑器，听信号统一起跑，必须自始至终在自己的跑道内跑动。奥运会比赛项目男、女均为100米跑、200米跑和400米跑，其中男子项目1896年列入，女子100米跑和200米跑1928年列入，400米跑1964年列入。

◆女子短跑

知 识 库

长 跑

长距离跑简称长跑。最初项目为3英里（1英里＝1.609千米）、6英里跑，从19世纪中叶开始，逐渐被5000米跑和10000米跑替代。据记载，现代最早的正式长跑比赛是1847年4月5日在英国伦敦举行的职业比赛，英国的杰克逊以32分35秒0的成绩夺得6英里跑冠军。奥运会比赛项目男、女均为5000米跑和10000米跑。男子项目1912年列入；女子5000米跑1996年列入，10000米跑1988年列入。

田径明星——博尔特

博尔特是当今世界男子100米短跑世界纪录、男子200米短跑世界纪录保持者及男子4×100米接力世界纪录保持团队成员。他于2008年8月16日北京奥运会上创出9.69秒100米新世界纪录，其后于8月20日创出19.30秒200米新世界纪录，再于8月22日代表牙买加创出37.10秒4×100米接力世界纪录。时隔一年在德国首都柏林举行的世界田径锦标赛上，于2009年8月16日（北京时间2009年8月17日凌晨3时35分）以9秒58再次打破男子100米世界纪录，并于2009年8月20日（北京时间2009年8月21日凌晨）以19秒19又一次将

◆美女为博尔特颁奖

◆博尔特夺冠后庆祝

男子 200 米世界纪录改写。

跨　栏

跨栏起源于英国，由牧羊人跨越羊圈栅栏的游戏演变而来。跨栏跑最早使用的栏架是掩埋在地面上的木支架或栅栏，1900 年出现可移动的倒 T 字形栏架。1935 年有人将 T 形栏架改成 L 形栏架，L 形栏架支脚的另一端朝向运动员的跑进方向，稍加用力即可向前翻倒，减轻了运动员过栏时的恐惧心理。奥运会比赛项目分男子 110 米跨栏跑、400 米跨栏跑（1896 年列入）；女子 100 米跨栏跑（1932 年列入，当时为 80 米跨栏跑，1972 年改为 100 米跨栏跑）、400 米跨栏跑（1984 年列入）。男子 110 米跨栏跑的栏高为 106 厘米，400 米跨栏跑的栏高为 91.4 厘米；女子 100 米跨栏跑的栏高为 84 厘米，400 米跨栏跑的栏高为 76.2 厘米。比赛时，运动员必须跨越 10 个栏架，除故意用手推或用脚踢倒栏架外，身体其他部位碰倒栏架不算犯规。

田径明星——刘翔

刘翔，中国田径（110 米跨栏）一级运动员，1983 年 7 月 13 日 9 点 28 分出生在上海市普陀区。1998 年刘翔开始转向跨栏训练。2004 年雅典奥运会上，以

12.91 秒的成绩平了保持 11 年之久的世界纪录。2009 年 12 月 11 日下午 15 时 20 分，在东亚运动会田径男子 110 米栏决赛中，刘翔以 13 秒 66 的成绩轻松夺得冠军，成就“三冠王”。

破纪录最好成绩：12 秒 88 (2006，瑞士洛桑)。

特点：拥有体校男生特有的自信，能吃苦，成熟稳重和勇往直前。

弹跳/摸高：垂直起跳高度：80 厘米；摸高：3.46 米；会扣篮。

◆刘翔跨栏瞬间

喜欢的运动：篮球，跳高，田径。

喜欢做的事：耍酷，搞笑。

目标：破美国黑人垄断的 110 米栏的局面，让 110 米栏成为中国男生的运动。

最敬佩的对手：拉基·杜库雷（法国男子跨栏名将）。

星座：巨蟹座。

籍贯：上海。

祖籍：江苏省大丰。

生肖：猪。

血型：AB 型。

语言：普通话、吴语（上海话）、英语。

马拉松的由来

马拉松原为希腊的一个地名。公元前 490 年，希腊军队在马拉松平原击退波斯军队的入侵。传令兵菲迪皮德斯（Pheidippides）从马拉松跑到雅典城，在报告胜利的消息后，因体力衰竭倒地而亡。1896 年举行首届奥运会时，顾拜旦采纳了历史学家布莱尔

◆马拉松的由来

(Michel Breal) 以这一史事设立一个比赛项目的建议，并定名为“马拉松”。比赛沿用当年菲迪皮德斯所跑的路线，距离约为 40 千米。此后十几年，马拉松跑的距离一直保持在 40 千米左右。1908 年第 4 届奥运会在伦敦举行时，为方便英国王室人员观看马拉松赛，特意将起点设在温莎宫的阳台下，终点设在奥林匹克运动场内，起点到终点的距离经丈量为 26 英里 385 码，折合成 42.195 千米。国际田联后来将该距离确定为马拉松跑的标准距离。女子马拉松开展较晚，1984 年才被列入第 23 届奥运会。

跳　远

源于人类猎取或逃避野兽时跨越河沟等活动，后成为军事训练的手段。为公元前 708 年古代奥运会五项全能项目之一。现代跳远运动始于英国，1827 年 9 月 26 日在英国圣罗兰·博德尔俱乐部举行的第一次职业田径比赛中，威尔逊越过 5.41 米的远度，这是第一个有记载的世界跳远成绩。跳远的腾空动作有蹲距式、挺身式和走步式。20 世纪 70 年代出现前空翻跳远，因危险性大，被国际田联禁用。最初运动员是在地面起跳，1886 年开始采用起跳板。起跳板白色，埋入地下，与地面齐平，长 1.22 米，宽 20 厘米，距沙坑近端不少于 1 米。起跳板前有起跳线，起跳线前有用于判断运动员起跳是否犯规的橡皮泥显示板或沙台。运动员必须在起跳线后起跳。比赛时，如运动员不足 8 人，每人可试跳 6 次，超过 8 人，则先试跳 3 次，8 名成绩最好的运动员再试跳 3 次。以运动员 6 次试跳的最好成绩排列名次。男、女跳远分别于 1896 年和 1948 年被列为奥运会比赛项目。

◆俄罗斯选手莉比德娃

知识库——三级跳远简介

◆比赛精彩瞬间

起源于18世纪中叶的苏格兰和爱尔兰，两者跳法不同。苏格兰采用单足跳、跨步跳、跳跃，而爱尔兰用的是单足跳、单足跳、跳跃。现规定必须使用苏格兰跳法。最早的正式比赛可以追溯到1826年3月17日首次举行的苏格兰地区运动会，比蒂（Andre Beattie）创造了12.95米的第一个纪录。比赛时，运动员助跑后应连续作3次不同形式的跳跃，第一跳为单足跳，用起跳腿落地；第二跳为跨步跳，用摆动腿落地；第三跳为跳跃，必须用双脚落入沙坑。男子三级跳远于1896年被列为首届奥运会比赛项目，女子三级跳远于20世纪80年代初逐渐广泛开展，1992年被列为奥运会比赛项目。

撑杆跳高

◆撑杆跳空中瞬间

起源于古代人类利用木棍、长矛等撑越障碍的活动。据记载，公元554年爱尔兰就有撑越过河的游戏。撑杆跳高原为体操项目，流行于德国学校。1789年德国的布施（Busch）跳过1.83米，这是目前世界上有据可查的最早成绩。1930年出现较为坚固的金属杆，运动员无撑杆折断之虑，可以提高握杆点，加快助跑速度，最好成绩达到4.80米；1948年美国设计制造出重量更轻、弹性更强的玻璃纤维杆，目前使用该杆已突破了 6 米的高度。撑杆跳高的横杆可用玻璃纤维、金属或其他适宜材料制成，长 4.48—4.52 米，最大重量 2.25 千克。撑杆的长度和直径不限，但表面必须光滑。运动员一般都自带撑杆参加比赛。比赛时，运动员必须将撑杆插在插斗内起跳；起跳离地后，握杆的手不得向上移动；可以在规定的任一起跳高度上试跳，但每一高度只有 3 次试跳机会。男、女撑杆跳高分别于 1896 年和 2000 年被列为奥运会比赛项目。

铅球简介

◆推铅球瞬间

起源于古代人类用石块猎取禽兽或防御攻击的活动。现代推铅球始于 14 世纪 40 年代欧洲炮兵闲暇期间推掷炮弹的游戏和比赛，后逐渐形成体育运动项目。铅球的制作经历了用铁、铅以及外铁内铅的过程。正式比赛男子铅球的重量为 7.26 千克，直径 11～13 厘米；女子铅球的重量为 4 千克，直径为 9.5～11 厘米。早期推铅球没有固定的方式，可以原地推，也可以助跑推；可以单手推，也可以双手推；还出现过按体重分级别的比赛。最初采用原地推铅球技术，后逐渐发展到侧向推、上步侧向推。20 世纪 50 年代，美国运动员奥布赖恩发明背向滑步推铅球技术，该技术被称为“铅球史上的一场革命”。70 年代，苏联运动员巴雷什尼科夫发明旋转推铅球技术，由于旋转后难以控制身体平衡，至今只有极少数运动员使用。比赛时，运动员应在直径 2.135 米的圈内，用单手将球从肩上推出，铅球必须落在落地区角度线以内方为有效。男、女铅球分别于 1896 年和 1948 年被列为奥运会比赛项目。

拓展思考

1. 关于田径你了解多少？
2. 你知道什么是长跑和短距离跑？
3. 你知道马拉松的由来吗？
4. 关于刘翔你了解多少？请查阅相关资料了解一下。

技巧之王——体操

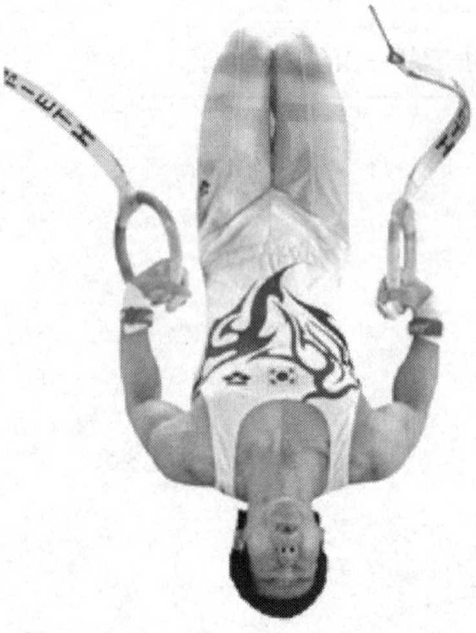

◆体操吊环

“体操”是对所有体操项目的总称，而不是具体哪个项目的名称。依据目的和任务，体操可分为基本体操和竞技性体操两大类。基本体操是指动作和技术都比较简单的一类体操，其主要目的、任务是强身健体和培养良好的身体姿势，最常见的有广播体操和为防治各种职业病的健身体操。而竞技性体操从字面上就可以看出，是指在赛场上以争取胜利、获得优异成绩、争夺奖牌为主要目的的一类体操。这类体操动作难度大、技术复杂，有一定的惊险性，从事这类体操训练的主要是运动员。

体操在我国的发展

体操，在我国历史悠久，在文献和出土文物中多有记载。据专家研究，我国古代体操有两类：一类是强健筋骨预防疾病的体操，其中，最有代表性的是古代药学名著《内经》中的“导引养身术”。出土的导引图，距今已有 2100 多年之久，不仅年代早，而且内容非常丰富：有肢体运动、呼吸运动、器械运动等。另一类存在于古代乐舞、杂技、戏剧和流传于民间的技巧运动中。

1969 年春，在山东省济南市北郊无影山的南坡，整理和发掘了 14 座汉墓。在出土的文物中，发现了一盘西汉时期的乐舞杂技陶俑。这盘群俑中就有四个在做体操的表演，其中两个对称做倒立，两个在做躬弯。东汉时期，华佗经过动物启发而设计的“五禽戏”，虽然是为了强身健康的目

的，但其优美的动作已经可以看出体操的端倪。唐宋以后，体操运动有了进一步发展，出现了双人和集体动作，许多复杂的翻腾动作和杂技表演结合在一起。至于器械体操，远在东汉时期，我国民间就有“杠力功”，很类似现代的器械体操。现代体操项目传入我国，是在1840年鸦片战争以后，当时体操运动十分落后，没有群众性的体操活动。晚清末年，在“洋学堂”即维新派开设的学校中，和民国时期资产阶级改革的教育课程标准中设立有体操课，作为教育中全面发展，和国家救亡发展的迫切要求，可以说是今天体育课的前身。但是，几十年间只在1924年第三届全运会上才举行过一次项目不全的全国性的体操表演。

◆女子自由体操

◆中国体操首夺奥运女团冠军

现在，我国的体操事业突飞猛进，已经成为夺金的主要项目之一。2008年北京奥运会中，我国在体操项目中就获得了14枚奖牌，9枚金牌。

体操是一种徒手或借助器械进行各种身体操练的体育项目。“体操源于古希腊语，其意大利语为“裸体技艺”，因为他们当时都是赤身裸体进行操练的，后被欧美国家采用。我国则称为“体操”，它的含义和内容随着时代的变迁而有所不同。现代体操的正式名称是竞技体操，它

◆刘璇悉尼奥运会比赛中

是体操的一个分支，也简称为体操。这是一项在规定的器械上，完成复杂、协调的动作，并根据动作的分值或动作的难度、编排与完成情况等给予评分的运动。现代体操起源于 18、19 世纪。当时欧洲先后出现德国、瑞典、丹麦等体操流派，它们不仅推动了体操运动的进一步发展，也为现代体操的形成奠定了基础。1952 年赫尔辛基奥运会把体操列为正式比赛项目。

目前，国际上的大型体操比赛有世界杯赛、世界锦标赛和奥林匹克运动会体操赛。国际和国内的大型体操比赛一般包括三种相互区别又相互联系的比赛，即团体赛、个人全能赛和单项赛。

广角镜——国际体操联合会

◆自由体操比赛

国际体操联合会（International Gymnastics Federation，FIG）简称国际体联，是世界上历史最悠久、规模最大的国际单项体育组织之一。国际体操联合会于 1881 年 7 月 23 日在比利时的安特卫普成立，当时的名称是欧洲体操联合会（FEG），只有 3 个协会会员。1921 年 4 月 7 日更为现名，现有协会会员 125 个。

国际体操联合会原有 5 个体操大项：男子竞技体操、女子竞技体操、艺术体操、一般体操和韵律操。1999 年随着国际技巧联合会和蹦床联合会的并入，增加为 7 大运动项目。国际体操联合会是国际单项体育联合会总会成员，工作用语为法、英、德、俄、西班牙语，正式记录和文件以法语为主。

◆国际体操联合会会徽

国际体操联合会的任务是通过体育教育以及开展体操运动，将各种有利于身体发展的力量调动起来，研究体操理论与实践，印发文件，确定比赛动作和规程；给协会会员以技术援助；举办国际比赛，鼓励和加强各国运动员之间的友好交往。

国际体操联合会的最高权力机构是代表大会，每两年召开一次，每4年进行一次选举。一个协会会员可派3名代表与会，但只有1票表决权。

◆日本国际体操邀请赛中国女队获冠军

代表大会讨论主席的总结报告，男、女技术委员会和艺术体操委员会的报告，协会会员的建议，并选举理事会、执委会和技术委员会成员。国际体操联合会理事会由包括执委会成员在内的44人组成，每年开会一次。国际体联的日常工作由执委会负责，执委会由主席、3名副主席、秘书长、副秘书长、7名委员、大洲联合会主席和专门委员会主席共21人组成。执委会监督联合会章程和规则的实施，准备代表大会的日程，研究协会会员的建议。除了代表大会期间的会议外，执委会会议每年还应召开一次。国际体操联合会现任主席是意大利人格兰迪（Bruno Grandi）。

体操小知识

在体操比赛中，观众经常会看到运动员在做吊环或单杠运动时，手上都带上一个皮制的东西、一端套在手指上，一端系在手腕上，这就是“护掌”。顾名思义，“护掌”就是用来保护手掌的。因为运动员在吊环、单杠运动中做各种悬垂、摆动、回环、转动等动作时，完全是依靠两只手抓住环或杠子来完成的，手掌和器械之间有摩擦，时间久了，手掌的皮肤往往会磨成泡，甚至揭去手皮，影响训练。为了保护手掌，使训练时间更长些，效果更好一些，避免起泡、揭皮之苦，在实际训练过程中就发明了“护掌”。但随着时间的推移，体操技术，“护掌”的功能也发生了变化，逐渐从单一的“保护”功能进化到能够提高“握力”，帮助和促进动作难度，使单杠、吊环的技

◆男子体操

◆男子单杠比赛

术发展产生了一个飞跃。特别是，单杠的技术之所以能日新月异，深受广大观众的喜爱，在某种意义上应当归功于护掌的出现和不断的发展。

在比赛时，观众可看到运动员在上器械之前，站立在一个白色的圆筒前面，用双手来回擦白粉，这是在做什么？这是在涂擦一种防滑的碳酸镁粉，目的是增加手掌与器械之间的摩擦力，防止从杠上脱手。如果不使用镁粉就难以完成高难度动作，由此可知运动员上器械前认真地涂擦镁粉的重要性了。

你知道吗？

目前，竞技性体操包括竞技体操、艺术体操、健美操、技巧、蹦床五项运动。其中，竞技体操男子项目有自由体操、鞍马、吊环、跳马、双杠、单杠六项；女子项目有跳马、高低杠、平衡木、自由体操四项。由于竞技体操的历史最久远，可以说是竞技性体操中的“老大哥”，因此现在人们还通常习惯用“体操”来称呼“竞技体操”。

体操明星——李宁

性别：男

民族：壮族

身高：1 米 64

出生日期：1963 年 3 月 10 日

国籍：中国

出生地：广西壮族自治区柳州市

籍贯：广西壮族自治区来宾市（原属柳州市管辖，2002 年 12 月 28 日升格为地级市）。

教练：梁文杰、张健、马适

教育：北京大学法学院 1998 级学士。北京大学光华管理学院 2000 级 EMBA。

◆年轻时李宁

◆2008年北京奥运会火炬手——李宁

运动项目：体操

运动经历：8岁开始练习体操。1971年进入广西壮族自治区体操队，1980年被选入国家体操集训队。

最好成绩：1982年第6届世界杯体操赛上，在男子全部7个个人项目中，获全能、自由体操、单杠、跳马、鞍马和吊环6项冠军，余下的双杠项目也获得了第三名，成为世界体操史上至今唯一取得如此令人惊叹之佳绩的运动员。由于只有获得全部7项个人金牌或包括全能在内的6项个人金牌再加个人单项的银牌等两种情况才能打破这个纪录，故李宁当年这个成绩不但空前，几乎也是绝后了，创造了世界体操史上的神话，因此被誉为“体操王子”。

拓展思考

1. 关于中国体操你了解多少？
2. 你了解国际体操联合会吗？
3. 你了体操训练的小知识吗？
4. 关于李宁你了解多少？请查阅相关资料了解一下。

水中遨游技术——游泳

◆游泳

游泳是人们凭借自身肢体的动作在水中进行运动的技能。游泳运动可分为竞技游泳和实用游泳。游泳是人类在与大自然斗争中产生和发展而来的。在5000年前远古时代陶器的雕绘图案上，就可以看到我们的祖先潜在水中猎取水鸟的泳姿。随着社会的发展，游泳逐渐成为人们增强体质以及生产、生活、军事的需要，并逐渐发展成为体育运动的比赛项目。

游泳的起源

古代游泳，根据现有史料的考证，国内外较一致的看法是产生于居住在江、河、湖、海一带的古代人。他们为了生存，必然要在水中捕捉水鸟和鱼类做食物，通过观察和模仿鱼类、青蛙等动物在水中游动的动作，逐渐学会了游泳。现代游泳运动起源于英国。17世纪60年代，英国不少地区的游泳活动就开展得相当活跃。

1828年，英国在利物浦乔治码头修造了第一个室内游泳池，这种泳池到19世纪30年代，在英国各大城市相继出现。1837年，在英国伦敦成立了第一个游泳组织，同时举办了英国最早的游泳比赛。1869年1月，在伦敦成立了大城市游泳俱乐部联合会（现英国业余游泳协会前身）并把游泳作为一个专门的运动项目正式固定下来，并随之传入各英殖民地，继而传遍全世界。随着游泳运动的发展，游泳被分为实用游泳和竞技游泳两大

类。实用游泳又分为侧泳、潜泳、反蛙泳、踩水、救护、武装泅渡；竞技游泳分为蛙泳、爬泳、仰泳、蝶泳。在1896年雅典第1届奥运会上，男子游泳被列为9个比赛项目之一（包括100米、500米和1200米自由泳）。在1908年伦敦第4届奥运会上，成立了国际业余游泳联合会，并审定了当时的世界纪录，制定了国际游泳规则。在1912年的第5届奥运会上，正式设立了女子比赛项目。从此，竞技游泳形成了蝶泳、仰泳、蛙泳和自由泳4种姿势。现游泳已成为奥运会上令人瞩目的大项之一。国际泳联每4年举行一次世界游泳锦标赛，每2年举行一次世界杯。当今世界，欧美体育强国的游泳仍是领先水平。我国泳坛健儿吴传玉早在1953年布加勒斯特第一届国际青年友谊运动会上，就取得过100米仰泳的冠军。而中国女将在20世纪90年代初创造的一系列优异成绩，才真正使中国游泳运动引起国际泳坛的注意。

◆花样游泳

◆女子游泳

游泳的分类

游泳分类大致分为：1. 实用游泳、2. 竞技游泳、3. 花样游泳

1. 实用游泳：军事上、生产上、生活服务上使用价值较大的游泳方式称为实用游泳，如爬泳（自由泳）、蛙泳、侧泳、潜泳、踩水（立泳）、水

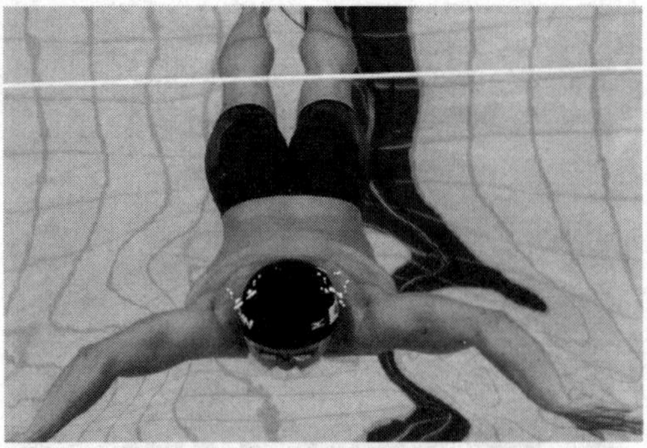

◆蛙泳

◆女子花样游泳

上救护、武装泅渡、反蛙泳（仰泳）。

2. 竞技游泳：是指有特定技术要求，按游泳竞赛规则规定进行竞赛的游泳项目。它可以分为在游泳池比赛和在公开水域比赛两大类，如自由泳、蛙泳、仰泳、蝶泳（又称海豚泳）和由这四种游泳组成的个人混合游泳，以及接力游泳比赛游泳。竞技游泳主要是以速度来决定名次的游泳，是根据游泳竞赛规则进行的，一种游泳。

3. 花样游泳：它也称为“艺术游泳”，是集舞蹈、体操、游泳等项目于一体的竞技体育项目，对运动员的身材、泳装、头饰、音乐及动作编排都有很高的要求。它分为单人、双人、集体的比赛项目。它通过运动员的肢体在水面上的运动，配合音乐，展现出各种优美动作和各种造型的艺术性技巧，带给观众美好的享受，故有“水上芭蕾”之美誉。

知识库——国际业余游泳联合会

国际业余游泳联合会（FINA），简称国际泳联。1908 年由比利时、丹麦、芬兰、法国、德国、英国、匈牙利和瑞典等国倡议成立，总部设在瑞士的洛桑，现有协会会员 179 个。国际泳联是国际单项体育联合会总会成员，正式用语为英语和法语，工作用语为英语。

从 1896 年第一届奥运会起，游泳就是奥运会的竞赛项目。国际泳联的任务是确定奥运会和其他国际比赛中游泳、跳水、水球和花样游泳的规则，审核和确认世界纪录，指导奥运会中的游泳比赛。

国际泳联承认非洲、美洲、亚洲、欧洲和大洋洲的大洲联合会。

国际泳联的组织体系由代表大会、技术代表大会、办公局、常设委员会、专门委员会和仲裁法庭组成。代表大会是其最高权力机构，有权对除技术代表大会权限以外的任何事宜进行决策，每4年召开一次。一个协会会员可派两名代表，有2票表决权。代表大会听取执行局的报告、司库的报告、修订章程与规则、选举执行局及其官员。

◆国际业余游泳联合会会徽

技术代表大会有权对一切有关游泳、跳水、水球、花样游泳竞赛的技术问题做出决定，有权决定国际泳联的技术规则，也是每4年召开一次，一个协会会员可派两名代表与会。

◆花样游泳

执行局由国际泳联主席、5个副主席、秘书、司库和14名委员组成。每4年选举一次。终生主席、前任主席、前任秘书、前任司库也是执行局成员。但无表决权，后3人只能保持一届（4年）。国际泳联现任主席是阿尔及利亚人拉尔夫伊（Mustapha Larfaoui），司库是马格里翁（Julio Cesar Maglione），秘书长是孔索洛（Bartolo Consolo）。

国际泳联设有以下专门委员会处理不同领域的专业问题：游泳技术委员会、露天水域游泳技术委员会、跳水技术委员会、水球技术委员会、花样游泳技术委员会、老将委员会和医务委员会。执行局还可根据需要设立各种专门委员会。

国际泳联设有信息中心，及时传递有关国际泳联、大洲泳联和协会会员的各种信息。

国际泳联负责主办的赛事除了奥运会游泳比赛外，还有世界锦标赛（1973年始）、世界杯赛（1979年始）、世界短池锦标赛（1993年始）、跳水大奖赛（1994年始），跳水世界杯中增加花样跳水（1994年始），在世界水球锦标赛中增加少年女子水球比赛（1995 年始）。

菲尔普斯

◆菲尔普斯夺冠后的兴奋

迈克尔·菲尔普斯，美国人，罕见的游泳奇才，被一些人视为他所从事的运动历史上最伟大的全能运动员。在 2004 年的美国选拔赛中，菲尔普斯取得了 6 个单人游泳项目的雅典奥运会参赛资格，这些项目包括了每种可能的游泳姿势。他最终获得了 6 枚奥运会金牌，2 枚铜牌。在 2008 年北京奥运会上他又破纪录地独揽八枚金牌而震惊世界。北京奥运会之后，时年 23 岁的菲尔普斯已经拥有 14 枚奥运会金牌，远远超过马克·施皮茨、拉里莎·拉特尼娜、帕沃·鲁米与卡尔·刘易斯所创造的奥运会 9 金纪录，成为夏季奥运会获得金牌总数最多的运动员。这将是后来者难以逾越的一座高峰。

在 2003 年，菲尔普斯打破了他自己创下的 400 米个人混合泳的世界纪录（4 分 09 秒 09）。在同年六月，他打破了 200 米个人混合泳的世界纪录（1 分 56 秒 04）。接下来在 2004 年 7 月 7 日，菲尔普斯在雅典奥运上再一次打破了他自己创

◆2008 年北京奥运会夺得 8 枚金牌

下的 400 米个人混合泳的世界纪录（4 分 08 秒 41）。在雅典奥运上，他获得了 6 枚金牌和 2 枚铜牌，平了前苏联体操运动员阿列克桑德·季佳京在 1980 年莫斯科奥运会上创造的一届奥运会获 8 枚奖牌的纪录。

2003 年菲尔普斯荣获有“美国体育界奥斯卡”之称的克莉丝汀奖，成为游泳界史无前例的一个标志。

拓展思考

1. 你了解游泳的起源吗？
2. 你了解游泳的分类吗？
3. 关于国际业余游泳联合会你了解多少？
4. 你喜欢哪位游泳明星？请查阅相关资料了解一下。

付出不计回报的项目——拳击

◆拳击

拳击，是戴拳击手套进行格斗的运动项目。它既有业余比赛，也有职业比赛。比赛的目标是要比对方获得更多的分以战胜对方或者将对方打倒而结束比赛。与此同时比赛者要力图避开对方的打击。拳击被称为“勇敢者的运动”，早在古希腊和罗马时代就有许多有关拳击的生动记载。

拳击运动简介

在一幅公元前1500年的希腊壁画中就有戴手套进行拳击的场面。在古代，战士拳击时，由于可以任意使用摔、打、踢、蹬等动作，直至将对手置于死地，所以它只是一种供奴隶主寻欢作乐的残杀游戏。

最早的拳击规则是1729至1750年称霸英国拳坛的杰克·布荣顿于1743年制定的。拳击在国际上分业余与职业两种比赛。奥运会举行的拳赛属于业余性质，职业拳手不得参加业余拳赛。拳击比赛在由三条绳围绕的拳击台上进行。一场业余拳击比赛有5回合，每回合2分钟。拳击运动员要戴（拳击）手套，其他用具包括：头盔、护齿、运动短裤和护

◆拳击比赛

裆。拳击运动员的比赛按体重分级。

赤手的拳术，古希腊人和古罗马人当作一种为自卫而习练的技艺，而且被列入古代奥运会。1867 年英国采用了昆斯伯里拳击规则，（比赛者）要戴（拳击）手套进行比赛。1880 年业余拳击联合会在英国成立。1946 年国际业余拳击联合会成立。

点击——拳击运动的特点

◆红蓝双方在搏击

◆拳击比赛

拳击是运动员双方通过两只拳头的对抗，进行体能、技术和心理的较量。拳击竞技的具体表现形式，是两人在正方形的绳围比赛场地中，戴着特制的柔软手套，按一定的规则和技术要求，进行攻防对抗。攻防的武器只能是戴上特制手套的两只拳头，攻防的目标只限于对方腰髋以上的身体部位。拳击被人们称作是“艺术化的搏斗”。

拳击的比赛规则有自己的独特之处。在国际业余拳联（AIBA）自 1997 年开始实行的新规则中，规定业余拳击比赛实行 5 个回合制，每个回合打 2 分钟，回合间休息 1 分钟；职业拳击比赛一般是实行 10～12 回合制，回合中间休息 1 分钟。业余拳击比赛主要靠技术得分来判定胜负，所用拳击手套大而且厚，比赛时运动员要穿背心、短裤、软底拳鞋、戴护头盔。职业拳击比赛主要靠强烈攻击或将对方击倒判定胜负，被击倒一方如果在 10 秒钟内不能站立起来恢复比赛，就判对方获胜；比赛时职业拳手的手套小而且薄，赤裸上身、头部不戴头盔进行比赛。业余拳击比赛设有 12 个级别，职业拳击比赛设有 17 个级别。

拳击的独特之处还在于人们对拳击运动的不同看法。拳击是人对人的竞技项目，因而比赛时表现出来的打和被打，以及产生的伤害后果，特别是职业拳击中被打倒不能站起的场面，在许多人的思想上产生极大的异议，使得许多人呼吁取消拳击比赛。

中国拳击运动

◆邹市明创造中国拳击历史，在轰击纳尔班迪安

中国现代拳击始于20世纪20年代后期，最初称之为“西洋拳”。先有人翻译了一本《西洋拳术》。30年代南京国民政府的中央国术（武术）馆、国立国术体育专科学校将拳击列为主课之一。我国30年代的上海拳手郑吉常，由于他的左直拳快而凶，在国外有“远东毒蛇”之称。

1953年和1959年中国两度暂时停止拳击运动。

2004年雅典奥运会，邹市明获得了中国运动员首枚拳击奥运奖牌（铜牌）。

2008年，中国业余拳击网团队，由山东体育学院拳击队成立。

2008年邹市明获得第29届北京奥运会48公斤级金牌。

拳击明星——穆罕默德·阿里

如果他只是个拳手，哪怕是最令对手畏惧的拳击天才，穆罕默德·阿里也不会像他现在这样成为一个活着的传奇。尽管人们记得的多是拳击台上那个漂亮的形象。

他的头脑和他的身手一样敏捷，他的判断力和个性更令人难忘，他与宗教组织、政府、法律的联系和纠葛使他成为那个年代——20世纪60年代最有代表性的人物之一，而他的影响一直延续到现在。影片中的阿里是个年轻的斗士，依照他的信仰而作出选择，尽管对抗的是强大的势力，尽管自己也会犯错，他始终没有放弃。他和他的心灵，并非完美，然而充满生命力和责任感。在令人热血沸腾

的拳击赛场，最后站着的那个人是胜利者，而这个胜利者就是阿里。1996年7月19号，第26届奥运会在美国亚特兰大的百年纪念体育场开幕。晚上10点，全场数万名观众的目光都聚集在了火炬台前。身患帕金森综合症的前拳王阿里手执火炬，颤颤巍巍地将圣火点燃。

◆穆罕默德·阿里

历届奥运会的开幕式，都会选择本国最具有代表性的人物来点燃圣火，而在20多年的拳击生涯中，阿里曾获得过一枚奥运会金牌，并22次获得拳王称号，他在美国社会的影响力非同小可，因此，由他来点燃圣火，是再合适不过了。

◆年轻时的阿里

1942年1月17号，美国肯塔基州的路易斯维尔，一代拳王卡休斯·克莱，也就是后来的穆罕默德·阿里就出生在这里。

从12岁开始，阿里就在当地的一家健身房练习拳击。

1960年初，刚满18岁的阿里开始参加业余拳击比赛。已经接受过六年训练的阿里刚一出道就让人们眼前一亮。

◆比赛中的阿里

果然，在比赛中，对方根本就不是阿里的对手。穿深色短裤的就是阿里。在第一回合即将结束时，阿里连续用重拳将对手击倒，提前结束了比赛，也实现了他在赛前向教练夸下的海口。

凭借优异的表现，18岁的阿里成为美国代表队的成员，出征1960年的罗马奥运会。在81公斤级的比赛中，阿里三战全胜，顺利进入决赛。他的对手波兰人皮埃茨克斯基，是三届欧洲冠军和1956年奥运会的铜牌得主。

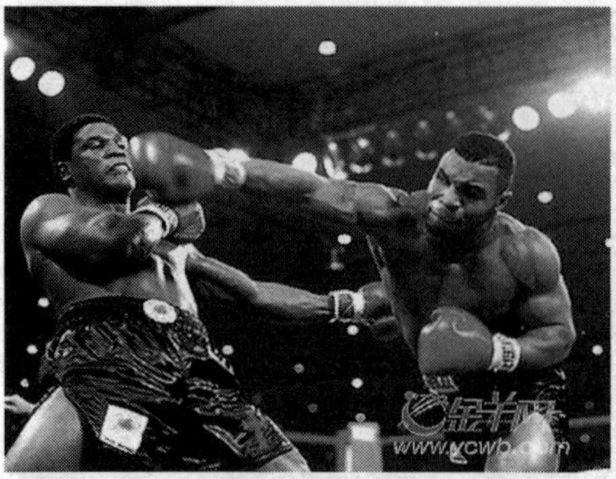

◆阿里搏击瞬间

◆阿里宣传画

他在场上的精湛技艺令人叹服，有人形容他的出拳，像蜜蜂刺人一样的犀利，而他脚下的步法，又像飞舞的蝴蝶一样轻盈、灵活。此外，年轻的阿里不仅在场上表现突出，在生活中他也非常活跃。在奥运村里，他向每个人问好，还和大家开各种玩笑，成了那里知名度最高的运动员。

通过一场一场的胜利，到了 1964 年，22 岁的阿里，终于赢得了与索尼·利斯顿争夺重量级拳王称号的机会。而这也将是他参加的第一场拳王争霸赛。

1964 年 2 月 25 号，阿里在迈阿密轻取利斯顿，成为新一代拳王，从此，职业拳击进入了阿里时代。

拓展思考

1. 你了解拳击运动吗?
2. 你了解中国拳击运动吗?
3. 你喜欢哪位拳击明星? 请查阅相关资料了解一下。

户外新兴项目——极限运动

极限运动是近年迅速发展的一系列刺激的、具创造性和能够以最大限度发挥运动员自我身心潜能的活动。这项运动揉合了竞技、冒险、刺激、创意和兴奋感。同时，某种程度上极限运动也代表一种新的生活文化，运动员不只专注练习其项目，更喜欢将其概念融入他们的行为举止、潮流品味、音乐喜好甚至日常语言当中。

◆户外极限运动

极限运动简介

极限运动是指人类在与自然的融合过程中，借助于现代高科技手段，最大限度地发挥自我生心潜能，向自身挑战的娱乐体育运动。它除了追求竞技体育超越自我生理极限“更高、更快、更强”的精神外，更强调参与和勇敢精神，追求在跨越心理障碍时所获得的愉悦感和成就感。同时，它还体现了人类返璞归真、回归自然、保护环境的美好愿望，因此已被世界各国誉为“未来体育运动”。

◆攀岩

极限运动的项目许多都是近几十年刚诞生的、方兴未艾的体育项目，根据季节可分为夏季和冬季两大类，运动领域涉及“海、陆、空”多维空间。夏季极限运

◆冲浪

◆滑板

◆蹦极

动主要的比赛和表演项目有：难度攀岩、速度攀岩、空中滑板、高山滑翔、滑水、激流皮划艇、摩托艇、冲浪、水上摩托、蹦极跳、滑板（轮滑、小轮车）的U台跳跃赛和街区障碍赛等运动项目。

由于极限运动有其“融入自然（自然、环境、生态、健康）、挑战自我（积极、勇敢、愉悦、刺激）”的“天人合一”的特性，使得极限运动在欧美各国的风靡程度简直可以用疯狂、魔力来形容。以滑水和滑板为例，仅在美国，滑水爱好者目前就有110万名之多，职业滑水队、表演队更是星罗棋布，已经成为许多城市重要的都市文化“大餐”；而滑板运动的发烧友更是多达450万之众。

人类在自然的怀抱中创造了文明，文明却正在使人类远离自然。也许是人类在远离自然的文明世界生活得太久了，在都市文明所带来的便捷中逐渐陷入身心的慵懒之后，便开始渴望回归自然。

轮滑项目简介

说到年纪，轮滑可要算极限运动中的“老爷爷”了。轮滑运动是从滑冰运动过渡而来，据有关资料记载，18世纪有位荷兰的滑冰运动员，为了

在不结冰的季节继续进行训练，尝试把木线轴安在皮鞋下在平坦的地面上滑行，他的试验在不断失败和改进后终于取得成功，创造了用轮子鞋“滑冰”的历史，从此轮滑运动在欧洲诞生、兴起并得到了较快的发展。

◆轮滑

1860年，比利时有一位乐器制造工人约瑟夫·默林，用手工制作了一双轮滑鞋，但是当他把自己的杰作带到英国伦敦的世界博览会上，展示给热情的伦敦观众时，却出现了意外：他由于无法刹车而把一面大镜子打破了，人也受伤。这件事被媒体爆炒之后，引起了人们的巨大的震动。因此，轮滑运动也被视为一项“危险的运动”而被冷落了相当长的一段时间。

◆滑雪

第一双真正意义上的轮滑鞋是由美国的詹姆斯·普利姆普顿于1863年发明的。他的发明推动了各国轮滑运动的发展，他也由此发了大财。

1866年，詹姆斯在纽约投资开办了第一座室内轮滑场，并组织纽约轮滑运动协会，首次将轮滑运动正式列入体育运动的正式比赛项目。同时轮滑运动迅速传到欧洲各国。因为其高技巧性和观赏性，在经历了长期的发展后，单排轮滑成为极限运动街头赛的重要项目之一。无数的极限发烧友们为之疯狂不已。

溯溪简介

溯溪是一种新兴的户外运动项目，原是流行在欧洲阿尔卑斯山脉一带的登山方式，后演变为相对独立的户外运动。20世纪60～70年代在日本

◆溯溪

盛行，70 年代后传入我国。所谓溯溪，是由峡谷溪流的下游向上游，克服地形上的各处障碍，溯水之源而登山之巅的一项探险活动。在溯溪过程中，溯行者须借助一定的装备，具备一定的技术，去克服诸如急流险滩、深潭飞瀑等许多艰难险阻，充满了挑战性。也正是由于地形复杂，不同地方须以不同的装备和方式行进，因而使得这项活动富于变化而魅力无穷。溯溪活动需要同伴之间的密切配合，利用一种团队精神，去完成艰难的攀登，对于溯行者是一种考验，同时又得到一种信任和满足，一种克服困难后的自信与成就感。

拓展思考

1. 你了解极限运动吗?
2. 你了解轮滑吗?
3. 关于溯溪你了解多少?

强身健体的金钥匙

——体育锻炼小知识

体育锻炼是指人们根据需要自我选择，运用各种体育手段，并结合自然力和卫生措施，以发展身体，增进健康，增强体质，调节精神，丰富文化生活和支配余暇时间为目的的体育活动。在日常的生活中，我们通过电视、网络等媒体经常观看一些精彩的体育比赛，使得我们对这些体育项目跃跃欲试，然而，怎样掌握这些项目的运动方法呢，怎样科学、系统地提高自己的运动技术呢？本篇将一一道来。

雕琢你的“脚下活”——足球锻炼

◆外国教练在训练中国小学生足球

经常踢足球能有效改善人体的生理功能。首先，能有效改善呼吸系统的功能。足球是集跑步与腿部运动于一身的。在跑步、传球、射球等过程中，会加强呼吸的深度，吸进更多氧气，排出更多的二氧化碳，从而使肺活量增大，肺功能加强。其次，强化腿部的骨骼。足球是训练腿部的最佳运动。在不断运动腿部的过程中，由于促进了新陈代谢，骨的血液供给得到了改善，骨的形态结构和机能都发生了良好的变化：骨密质增厚，使骨变粗，骨小梁的排列根据压力和拉力不同更加整齐而有规律，骨表面肌肉附着的突起更加明显。最后，能有效地延年益寿。有一项持续十年的研究显示，不运动的人比经常踢足球等运动的人早逝的可能性大42.5%。

如何把握射门时机

足球是一种相对多元性的比赛项目，每个国家、每个队伍都有着自己的风格，有的习惯利用身体，有的习惯利用技术多带球，但是，不管是什么样的风格，有些方面的共性还是要掌握的，比如足球运动在门前要注意时机的把握，足球射门时机到来的时候一定要果断，不能拖泥带水、无谓的粘球。

举一个例子来说明这个问题，例如：在队友的射门被对方的门将挡出以后，这个时候跟上得球的队友应该马上进行补射，不要粘球和试图晃开防守队员后再进行射门，因为禁区是防守的重点区域，防守方定会布下重

◆C 罗射门

兵进行防守，进攻方得球后一定会有封堵队员和协防队员集体进行防守，这时过多的粘球就算你可以晃开一名防守队员，第二名、第三名队员也会马上对你进行夹击防守，一次很好的射门机会就会丧失。所以说，进攻射门的机会是瞬间，要在机会出现的刹那果断地完成动作。在进攻当中正常的带球是必要的，但是，如果因为带球而丧失了射门得分的机会就得不偿失了。

边后卫过人技巧

首先最要紧的是，当你技术有限的时候，尽量避免过人。细心研究中外球员边路进攻你就会发现，国内球员常常先过人，再起球。而国外球员闪开角度后立刻起脚。

其次，边路过人与中路最大的区别就是可以利用速度，这也是各边后卫常用的伎俩之一。注意使用急停和忽然加速，以及合理卡位。

◆大罗带球过人

最后，如果你的身体条件很差的话，脚法的熟练就相当重要。举个例子：胯下人球分过，如果你没有非常好的脚法，你又怎能恰好将球从对手双腿间捅过，又怎能控制好球的力度，以免不被补防的球员抢到呢？练好基本功也是提高过人能力的重要手段。

知识窗

优秀边后卫应具备的素质

由于活动区域在两翼的狭长走廊，一名优秀的边后卫要有三个素质，首先是短程的冲刺速度；其次是优异的传中脚法；再次就是良好的速度耐力。

足球颠球小窍门

颠球是指运动员用身体的各个有效部位连续地触击球，并加以控制尽量使球不落地的技术动作。颠球是运动员熟悉球性的一种练习手段，以增强对球的弹性、重量、旋转及触球部位、击球时用力轻重的感觉。技术动作要领：

◆小学生天安门前练球

1. 双脚脚背颠球：脚向前上方摆动，用脚背击球，击球时踝关节固定，击球的下部。两脚可交替击球，也可一只脚支撑，另一只脚连续击球。击球时用力均匀，使球始终控制在身体周围。

2. 双脚内侧、外侧颠球：抬腿屈膝，用脚的内侧或外侧向上摆动，击球的下部，两脚内侧或外侧交替击球。

3. 大腿颠球：抬腿屈膝，用大腿的中前部位向上击球的下部，两腿可交替击球，也可一只脚做支撑，用另一侧的大腿连续击球。

◆外侧颠球

4. 头部颠球：两脚开立，膝盖微屈，用前额部位连续顶球的下部。顶球时，两眼注视球，两臂自然张开，以维持身体平衡。

5. 各部位连续颠球：根据上述单一颠球技术动作要领，用各部位配合连续颠球，配合的部位越多，难度越大。颠球的部位有脚背、脚内侧、脚外侧、大腿、头部、胸部、肩等。

如何头球攻门？

◆鲁尼头球

在足球比赛中，除了不能用手臂接触球以外，运动员可以用身体的任何部位触球，球员面对与地面距离较高的传中球时，大多会高高跳起，利用头球攻门。因为这样可以在球未下落或者是刚下落的较短时间内完成进攻。

对于很多业余足球爱好者来说，头球是一项比较难的技术。原因很简单，首先，头部是身体上最敏感的部位之一，用头部顶球会很疼，所以很多人在踢足球的时候基本不使用头球这项技术；其次，受传统观念的影响，大家还是习惯用脚来踢球。所以，笔者在平时踢野球的时候，经常看到一些朋友们的头球动作很不规范，不是将球“顶上天”，就是顶出的球没有力量。

综上所述，球员在头球攻门的时候，当皮球运行至恰当的距离时起跳（原地用双脚起跳，跑动中单脚起跳），当头部和皮球处于同一水平线并即将接触到皮球时，头部稍微前倾，当前额与皮球接触的一刹那向球门方向甩头改变皮球的运动方向，同时收腹，把身体的力量通过前额转移到皮球上，从而完成头球射门。

如何利用时间差防守头球攻门

下底传中然后利用中锋抢点进行头球攻门是善于打边路进攻的球队擅长用的招数，那么，在与这样的善于打边路的球队交手的时候，熟练地掌

◆高空争抢

握头球的防守技术就显得格外的重要。这里介绍一下利用时间差防守头球的技术动作要领，希望对大家有所帮助。

方法：防守队员站位于攻防传递路线中，攻方发球时，站在攻方球员前面的防守队员根据球的高度和自己的弹跳能力，选择适当的时机，提前一个节拍起跳，截断攻防的传接球，同时也可以有效地干扰对方的起跳。进行此项技术动作的时候，中后卫一般是队伍的最后一道防线，在这种情况下，中后卫一定要准确地估计足球飞行的高度和自己的弹跳力，千万不要露顶。

知识库——何为“马赛回旋技术”？

◆齐达内的“马赛回旋”

这是一个华丽而又实用的摆脱技巧，是指正向带球过程中踩球360度旋转顺势转身摆脱防守者，再或传或射，一气呵成。齐达内的“马赛回旋”屡屡在实战中绽放光芒，尤其在双方看似均等得球机会的情况下，能出其不意地占据主动。

在转身的时候左右脚交替踩球改变球的运动方向，躲过对方的铲抢或者利用身体将对方挡开，使对方够不到球，正向带球过程中用一只脚踩球后，紧接着180度顺势转身用另一只脚拉球，另一只脚碰球后，向后一拉，摆脱防守者，再或传或射，一气呵成。就是左右脚交替踩球刚开始向后拉，再慢慢转弯，弯转大了就可以靠惯性拉到前面了。一般是你主控脚以一个扣球的动作踩向皮球，身体随着重心改变就势转身，另一只脚在转身的瞬间把球拉过来，一条腿小迈在皮球的前面，再转身用另一条腿的后跟（也可以踩球）向后方推。最后再转回身体带球。

马赛大回旋是齐达内的标志性动作，有一只脚把球横向拉，转身后用另一只脚向前拉球。牛尾巴过人则是小罗常用的，右脚从球底部把球向右带，然后在球在空中时再把球向左带。

何为“倒挂金钩”?

◆“倒挂金钩”射门

◆“倒挂金钩”射门

倒挂金钩就是人在腾空状态下且头下脚上将球踢入球门。倒挂金钩是足球比赛中一种非常规性的射门方式，在绿茵场上并不是经常可以看到。但是，赛场上风云变幻，倒挂金钩式的进球很多时候带来的都是关键性的得分。这也是足球运动最大魅力之一。任何一个倒勾进球无疑都是意识、灵感、想象力、爆发力完美融合的结晶，极具观赏性。

代表人物：里瓦尔多。

巴西人里瓦尔多无疑是玩倒勾的个中高手，他拥有良好的柔韧性、出众的爆发力，这也是他在绿茵场上屡次上演倒挂金钩好戏的资本，而他也是世界上倒勾破门成功率最高的球员。

2000/01赛季，由于在联赛中途失分较多，西甲两大豪门巴塞罗那和瓦伦西亚只能在最后一轮为争夺冠军联赛入场券而展开惨烈厮杀，双方如梅花间竹般地各打进两球。直到最后一分钟，比分还是2比2。如果以这个比分结束比赛的话，巴塞罗那将会痛失下赛季冠军联赛的参赛资格。就在这时候，里瓦尔多爆发了。他在禁区前用胸部停球后直接就是小腿发力一脚倒挂金钩，皮球飞一般地入网，打得对方门将卡尼萨雷斯猝不及防。里瓦尔多的这个倒勾一气呵成，宛如教科书一般没有一个多余的动作，而且他的位置是在禁区线上，进球

的角度是球门的右上角，一个绝对的死角！巴塞罗那队也因为这个进球顺利晋级欧冠赛场。

掷界外球小窍门

1. 原地掷界外球

动作方法：身体面对出球方向，两脚前后开立，屈膝后仰，两手自然张开，拇指相对持球的后侧部并屈肘置球于头后。掷球后，后脚用力蹬地，依次进行摆体收腹、挥臂、甩腕，迅速有力地将球掷向预定目标。

整个动作可用移重心、蹬地、挺髋、挥臂、甩腕、拨指来概括。要求从蹬地开始发力，由下至上协调连续地将球掷出。

◆掷界外球

2. 助跑掷界外球

动作方法：助跑轻松自然，垫步的同时双手持球举过头顶。当最后一步踏地时，后脚开始蹬地，并且按照原地掷界外球的方法将球掷出。

动动手——掷界外球的练习方法

◆队员掷界外球

掷界外球的练习方法

(1) 两人一组，分别站在两条相距 15 米的白线外，并且以地面上的白线为边线，按照规则的规定做互掷界外球练习。

(2) 掷远练习。方法同上，逐渐加大两条白线的距离。

(3) 两人一球相对站立在两条相距 15 米的白线外。开始时甲向乙用力掷球，待球落地后，乙接球在甲掷球落点处用力向甲掷球，球落地后甲接球在球落点处重复以上练习。如此反复进行一定次数，双方向前移动的距离长者为胜方。

帽子戏法

◆守门员扑球

在现代足球中，一个球员在一场比赛中独中三元被称作“帽子戏法”，英文为“Hat-trick”。这个说法源于19世纪70年代在英国广为流行的板球比赛。板球和美国的棒球相似，都要求投球手投掷的速度越快越好，对方击球越远越好。自有板球以来，凡进板球场观赛的球迷都严格遵守着一条规矩：一迈进球场大门便须脱帽，这意味着对球场上所有球员、裁判和观众的尊重。因此，帽子就代表了尊重。一般说来，如果一名投球手连续投出3个好球而将对方3名球员淘汰出局，是件相当神奇的事。如果碰到这样的情况，裁判便授予那个投手一顶帽子，作为一种至高无上的荣誉象征。

后来，“帽子戏法”被引用到足球比赛中，其具体含意就是在一场比赛中，一名队员踢进对方球门三个球。在1958年世界杯巴西对法国的半决赛中，贝利一人连入三球，淘汰了法国队，《贝利自传》将此次辉煌辟为一章节，题目就叫“帽子戏法”。“帽子戏法”的说法，在中国流行较晚，大约始于中译本《贝利自传》的问世。

小知识

“帽子戏法”的本意就是板球手连续用3个球得分而获得一顶帽子鼓励，这个词19世纪70年代才出现在印刷品中。

广角镜——蝎子摆尾

蝎子摆尾即跑步中用脚后跟从后面把球夹起来，这是足球场上的一个花哨的动作。

足球场上有许多球星做此动作，例如在2005年联合会杯，墨西哥队战胜巴西队的比赛中，墨西哥后卫奥索里奥表现出色，一记“蝎子摆尾”虽然没有将球打进，但精彩的表演还是技惊四座。再例如瑞典前锋伊布拉希莫维奇在2004年欧锦赛上，他的一记“蝎子摆尾”震惊世界。

◆伊布蝎子摆尾射门

瑞典前锋伊布拉希莫维奇可谓球场上的一大“异类”，身高达到1.92米的他却拥有着细腻的脚下功夫，“蝎斗”式的进球方式更是成为了他的一大招牌动作。在2004年欧锦赛上，伊布就在瑞典与意大利一战中展示了自己的“神来之笔”。第85分钟，瑞典队的角球在禁区内制造了混乱，在接到队友后点的头球摆渡后，先是永贝里奋力倒勾，在和赞布罗塔的拼争中将球弹起，随后梅尔博格在点球点前跃起争顶，皮球再度飞向空中。此时，站在门前的伊布拉辛莫维奇第一时间冲向了落点，抢在出击的布冯之前，背对球门用右脚外侧奋力向后一垫，只见皮球划出一道恰到好处的高弧线，越过补门的维埃里轻巧地落入了网窝。事实上，伊布的鬼魅一击绝非无心插柳，因为在2003～2004赛季阿贾克斯客场对阿尔克马尔的比赛中，瑞典神塔还打入了一粒更加精彩的“蝎斗”式进球。

万花筒

蝎子摆尾的创立者——伊基塔

伊基塔，他代表国民竞技队出战1995年的美洲杯。在一次比赛当中，对方针对他站位靠前的特点，远距离吊门，伊基塔早就估计到对方的这一打法，他不慌不忙，在足球快要入网之时，他不是用手去接球而是玩了一个“倒踢紫金冠”的危险动作，身体鱼跃前倾用两个脚后跟将球踢出大门。这个动作可谓是百年足球史上的绝唱。

点击——踩单车技术

◆小罗踩单车

◆罗比尼奥“踩单车”

踩单车指双脚在球的四周不断快速绕圈做假动作，两只脚轮番在球上方迈来迈去，以迷惑对方来突破过人，此技术易于掌握，最早是由巴西队的多名球员使用，最经典的是“盘球大师”德尼尔森，现在技术较高的有小罗、C罗和罗比尼奥。确实，所有足球过人动作中，踩单车是最具观赏性的个人秀，与其他过人动作不同的是：

1. 相比其他三种基本特技，踩单车更强调良好节奏感，其中又包括控奏与变奏，前者支持你做出连续的踏板动作，后者建立在前者之上，用于支持球场上的突发情况和多次使用。

2. 踩单车对身体协调要求较高，特别对肌肉协调能力提出高要求，这个动作需要持续运动全身大部分重要肌肉，会在之后的训练篇详细介绍。

3. 踩单车的过程维持时间长，期间更是进攻方与防守方的心理抗争，心理的波动都会左右动作的结果。

你也可以打 NBA——篮球锻炼

篮球运动有人体基本活动跑、跳、投和篮球基本技术和战术。经常参加篮球运动，可以提高跑、跳、投等基本活动能力，发展灵敏、速度、力量和耐力等身体素质，促进青少年的身心正常生长发育。

◆投篮与盖篮

篮球运动是在团体间对抗和变化条件下进行的，对提高神经系统的灵活性、应变能力和大脑的分析综合能力都具有重要作用。

从事篮球运动，有利于提高群体意识、团结合作、顽强拼搏的意志品质和良好的心理素质。

篮球跳投技术

跳投分很多种，最简单的是基地跳投，由此还衍生出急停跳投，后仰跳投以及抛手投篮。

◆跳投投篮

基本的基地跳投动作要领是这样的：首先，要小腿弯曲，把力量集中在腿肚上。然后举起手臂，两只手臂形成“V”字形，把篮球举过头顶，用力跳起，顺势用手甩出篮球。手的细节动作是这样的：左手拇指和右手拇指形成“T”字形，右

◆乔丹跳投

◆乔丹跳投

◆跳投

手食指按在球面圆心，注意拨指，食指最后离开球，注意不要左手往出抛球，这样会影响球的路线。至于急停，最好先找双好球鞋。在跑动时注意脚步动作，急停时两脚要成正“八”字型，这样利用脚内侧摩擦力停住，立即跳起、投篮。而后仰跳投需要滞空能力，在基地跳投基础上，起跳时身体后倾，可以防盖。但要注意不要后仰过度，否则会摔倒。至于说抛手，就有些类似勾手，但又不同。在背对防守者时，突然转身，用单手把篮球投出，注意，是单手，这时，另一只手完全没用，其他动作和基地跳投一样。

篮球的训练和比赛中可以有很多不同的投篮方式，但不管哪种投篮方式，有两点是必须做到的：第一从脚底发力，也就是说虽然是用手投篮，但力量是从脚前掌发起，然后通过脚踝、膝盖、胯部、上体、手臂、手腕，最后力量传递至手指尖将篮球投出。力量的整个传递应该是一个连贯协调的过程。

跳投的好处是不像原地投篮那样容易被对手封盖。青少年选手可能会因为腿、手臂、肩部及背部肌肉力量不足而做不好跳投，那完全可以暂时放弃，否则因力量不足而造成的错误动作会影响自信心，使以后力量达到要求后也难以获

得理想的跳投技术。

跳投的技术要领如下：双手持球，非投篮手置于球前方或侧方（按你舒服的位置放），投篮手置于球的后部，双膝微屈，双手持球从胸部上移到眼睛上方，然后双脚向上弹跳；跳起时，屈肘（前臂向后），手腕也向后翻；跳至最高点时，前臂前伸，手腕向前、向下将球投出。随球动作要充分，眼睛要始终盯住篮框。

广角镜——提高投篮命中率的小窍门

当我们打篮球时，都希望提高自己投篮的命中率，可是提高命中率有什么方法呢？

篮球是一项技术综合性较强的运动项目，投篮得分的多少，决定着比赛的胜负。那么，如何创造更多的得分机会，提高投篮的命中率呢？下面是在教学和训练中的一些方法：

1. 加强规范化投篮动作的练习。投篮的动作有单手和双手，不论采用哪种方式，都要严格地按规范化动作去做。培养和掌握投篮时的肌肉感觉是优先于一切的先决条件，这就应加大规范化投篮动作的练习，最终达到动力定型。

2. 提高身体的训练程度。身体训练程度是完成各种技术动作的基础，对投篮命中率有明显的影响。如身体训练较差的队员，运动量增大时，命中率就明显下降。因此，应把投篮与身体训练结合起来，在一定强度下限时限数投篮训练，以便在紧张激烈的比赛中，有足够的体力保证投篮命中率的稳定和提高。

3. 选择良好的投篮时机，果断出手。良好的投篮时机，是提高投篮命中率的关键，一次好的得分机会是靠个人和全队配合来创造的，要善于捕捉投篮的时机。投篮者要观察防守队员的重心、位置、防距，一旦防守者失掉了正常的防位，不能干扰投篮时，或投篮者利用假动作诱使防守者

◆空中投篮

失掉重心、位置和防距时，投篮者果断出手，利用全队战术创造出来的机会或利用攻防双方出现暂时的时间差和空间差立即投篮。

4. 要有强烈的投篮欲望和自信心。强烈的投篮欲望和自信心是提高投篮命中率的前提，对投篮起着重要作用。在教学中要使投篮者全面锻炼、掌握各种投篮技巧，发挥他们的主观能动性。在平时应对学生多一些关心、帮助，多一些鼓励和表扬，培养投篮者的自信心。

如何提高弹跳?

打篮球的朋友都希望有很好的身体素质。每个人的天生条件不同，但是后天的训练同样重要，只要你训练刻苦你将会比先天条件好的人的身体素质更出色。

◆奥运会卡特扣“大竹竿”

由于乔丹带来的影响大家都比较关心怎么才能跳得更高的问题，那我们先从这方面入手。大家首先要搞清大腿和小腿在弹跳上的作用，总的来说大腿力量足的人跳得高，小腿力量强的弹速快。而大腿力量的训练主要是负重深蹲和半蹲 2 种办法，如果你要练习爆发力，那么以教练的建议主要练习半蹲。至于负重的重量也是很有讲究的，韦德训练法建议采用金字塔训练法深度刺激肌肉，每天你只需做 6 组半蹲，你先在有人保护的前提下测量一下你的最大负重是多少，然后第 1 组用最大负重的 60%来进行热身，一般来讲以 15～20 个为好，不宜过多，然后后面几组以每组提加 10%负重的力度增加，以每组都做到力竭为止。一般来讲每组做半蹲应该在 8～12 个，如果你感到做完 12 个还有力气完成下个动作，那说明你的负重不够，可以考虑加重量。到最后几组也许你没有力气完成每组 8 个动作的基数，那么你在做完之后不要停下来，立刻做徒手深蹲也是直到力揭为止。由此训练一段时间，你将发现你的弹跳力和爆发力会有质的飞跃。

◆易建联扣篮

注意：初学者做负重半蹲时一定要双脚脚尖向前。膝盖不能外张或者内屈。后期训练时为了提高各块肌群的力量，可以使脚尖外张成八字或内屈。大腿的训练不能天天进行，建议 3 天练习 1 次，后期可以提高到 2 天练一次，如果你在练习结束后感到腿部发抖不能控制，那么恭喜你，你今天的训练很成功。

小腿：小腿肌肉属于小块肌群，可以天天进行训练，也是以负重为主。但是小腿的肌肉不容易充血，需要多组数、多次数的训练方法来进行训练，训练时的负重和大腿的训练方法一样，负重进行提踵训练，每组尽量做到 20～25 个，这样才能使小腿肌肉充分充血。

◆霍华德“亲吻”篮筐

饮食：肌肉的生长需要大量的蛋白质。所以在进行训练的日子里，加强营养也是必不可少的。建议每天食用 6 个鸡蛋以上。如果你还进行了其他部位的力量的训练，建议你还要加强蛋白质的摄取。还有主食的分量也必须增加，糖类是你体力的来源和完成训练的保证。

最后，除了提高肌肉力量外，建议你没事回家拉拉韧带，强韧的韧带和超强的爆发力是对应的。如果你的韧带不注意训练的话，那么很容易因为逐渐加强的力量而弄伤自己。

点击——胯下运球

胯下运球指的是在运球的过程中运球穿越胯下，使对手难以抢断，是一种很

◆“胯下运球大师”蒂姆·哈达威

◆比卢普斯胯下运球

有效的运球方式。

胯下运球练习法

第一步：降低重心，在不看球的情况下，先练习右手原地运球，再练习左手原地运球。

第二步：靠手腕的力量拨力，单手在身体前左右运球。同样，在身体的一侧前后运球。要注意，运球的时候并不是重心越低越好，因为带球的外力完全由手腕发出，只有控制好球的落地的方向，才能很好地控制好球。一只手熟悉后再用另一只手练习。

第三步：左右手在身体前交叉运球，再在体后交叉运球练习。

第四步：练习胯下运球，先将左脚向前胯出一步，用右手将球从胯下弹至左手，再用左手顺原路将球弹回右手。换脚、换手后动作一样。然后将这几个运球步骤连贯起来，在原地反复练习。

第五步：练习行进间的胯下运球，开始时先沿边线练习直线，再练习曲线，然后在有人防守的情况下模仿比赛中的场面。至于你的身体如何随着对手的移动做出自然的反应，只有在实践中反复地摸索。但只要按照前面介绍的训练步骤反复的练习，你就可以有自信地打球了，当你看到你喜欢的NBA球星们的精彩的胯下运球和过人，其实你也能做到，缺少的只是速度和爆发力，别的精彩之处你也可以做到。

拓展思考

1. 你知道练习跳投技术的小方法吗?
2. 你了解提高投篮命中率的小窍门吗?
3. 你知道练习弹跳的方法吗?
4. 关于“跳发球技术”你了解多少?

体会截击中的快乐——排球锻炼

参加排球运动不仅能提高人们的力量、速度、灵活、耐力、弹跳、反应等身体素质和运动能力，并改善身体各器官、系统的机能状况，而且还能培养机智、果断、沉着、冷静等心理素质，有助于提高精神文明。通过排球比赛和训练，可以培养团结战斗的集体主义精神；可以锻炼胜不骄、败不馁、勇敢顽强、克服困难、坚持到底等良好作风。

排球传球小窍门

当代排球运动发展趋于技术全面、快速多变、战术多样，传球的作用就更为突出。传球的种类很多，主要有正面传球、侧传、背传、跳传、晃传等。由于传球是由双手的手指手腕动作来完成的，因此，控制球的面积大，准确性高，就容易掌握传球方向、速度和落点，组织快速多变的进攻战术，达到战术目的。正面传球的动作方法：

准备姿势：稍蹲姿势，面对来球，双手自然抬起，放松，置于脸前。

◆奥运会上女排比赛

迎球：当球下降至额前时，蹬地伸膝，伸臂，两手向前上方迎击来球。

击球：击球点在额前上方一球距离处。有利于看准来球和控制传球方向。

手型：两手自然张开成半球形，两拇指相对成“一”字型，用拇指内侧、食指全部和中指二、三关节触球。无名指和小指在两侧辅助控制传球方向。

用力：传球动作是全身协调

用力。

练习方法：

传球用力的顺序是：蹬地，伸膝，伸腰，手指手腕屈伸。最重要的是产生的力伸臂和手腕手指的紧张产生的力和球压在手指上产生的反弹力将球传出去。

◆男排比赛中队员发球

（1）原地做徒手模仿传球技术，领悟动作过程。

（2）自传球。一人一球，在头额上面做自传球。

（3）传固定球。两人一组，一人按传球手形持球于额前、另一人用手压住球，传球者按传球用力方向，向前上方伸展，体会传球手形和身体的协调用力。

（4）近距离对墙传球。两人一组。传球的距离要逐渐加长，体会腿蹬地的用力动作。

（5）两人一组，自传一次再传给对方。

◆小学生练习排球

（6）传抛来的球。两人一组，一人抛球，一人传球。要求抛球人尽量把球抛准，距离可由近至远。

排球垫球小窍门

垫球是排球技术中最简单易学的一项基本技术。垫球技术在比赛中主要用于接发球、接扣球、接拦回球等。接发球和接扣球是组成进攻的基础，是比赛中争取多得分、少失分，由被动转为主动的重要技术。正面垫球：

（1）准备姿势：正面对正来球方向，两脚开立与肩同宽，一脚在前，

◆沙滩排球

◆队员接球

两脚跟提起，前脚掌着地，两膝变曲微内收，重心稍前倾，双臂自然弯曲置于腹前。

（2）手形、击球点和触球部位：当球接近腹前时，两手重叠，掌根靠拢，合掌互握，两拇指平行朝前，手臂伸直，手腕下压，用前臂旋外形成的颊靠近手腕的部分击球后下方。击球点在腹前一臂左右距离，便于控制用力大小并可根据垫球的方向，调整手臂的角度。

（3）击球用力：两臂靠拢前伸插入球下，靠手臂上抬力量增加球的力量，同时配合趴地跟腰动作，使身体重心向前上方移动。击球时，两臂要形成一个平面，身体和两臂要有自然的随球伴送动作，以便控制球的落点和方向。垫球时，还应根据来球的力量控制手臂的动作，垫轻球时采用上述动作；垫中等力量的来球时，由于来球有一定速度，因此，垫球时的抬臂动作要小，速度要慢，主要靠来球本身所造成的反弹力将球垫起；垫重球时，应采用收腹含胸的动作，手随来球屈肘、缓冲来球力量，控制垫球的距离。球距离身体稍远、击球点较低时，手臂在缓冲用力过程中，要采用屈肘翘腕的动作把球垫在手腕部位的虎口处。

练一练——掌握垫球技术

掌握垫球技术：

（1）原地做徒手模仿垫球动作练习。

（2）垫固定球。两人一组，一人持球于腹前，另一人用垫球动作击球，体会击球动作。

(3) 垫抛球。两人一组。一人抛球，一人垫球。

◆运动员空中垫球

(4) 移动垫球。两人一组，一人抛球，一人向前后左右移动垫球。

(5) 自垫球、体会抬臂动作。

(6) 对墙连续垫球。

(7) 两人对垫。

(8) 三人一组，三角连续垫球。

(9) 两人相距 7～8 米，一人发球，一人垫球。

(10) 两人相距 5～6 米，一人扣球，一人垫球。

提高扣球技术小窍门

扣球是排球重要的基本技术之一。由于扣球时能充分利用全身力量，扣出的球又快又猛，所以它是排球比赛中最积极、最有效的进攻手段之一。扣球居高临下，进攻点离对方场地最近，可以运用个人战术、集体战术来突破对方的拦防阵线，使对方难以防守和组织反击。在激烈的网上扣与拦的对抗中，扣球是矛盾的主要方面，是决定胜负的关键。扣球是身体在空中完成的击球动作，每一次扣球需要经过助跑、起跳、空中击球和落地四个相互衔接的过程，因此，要练好扣球技术需要从以下几个方面入手：

首先要在无球的条件下练习起跳。排球的扣球对腰腹的力量要求很高，如果你是右手，那么起跳时右腿一小步，左腿一大步，右腿跟上，将向前的惯性转变成向上的动作，同时左臂引臂，右臂后拉，身体成弓型，扣球时要借助腰腹的力量，身体反弓。最后再用球练习对墙扣杀，练习手感。

◆空中扣球

拦网小知识

◆空中拦网

掌握好起跳时间很重要，但怎么掌握不是说说就可以应用自如的。

1. 在网前呈半蹲状态准备。

2. 在对方二传传出球的一瞬间，迅速做出拦网方向的判断。

3. 脚步的问题也是比较重要的。拦网的脚步有两种，一种脚步是平的，一种是交叉的。在比赛中。看你自身的位置和球的位置选择不同的脚步去拦网。交叉步一般应用在自身和正确拦网位置较远时。

4. 拦网时手臂上举，手指张开，耸肩，稍微低头（但要保证眼睛可以看见球）。到记住一定要绷住劲，否则碰到力量强的主攻手你是拦不住的。

5. 胳膊要伸过去，这样才有角度使球碰到手臂或手时可以往下走。

6. 手型和胳膊的方向也很重要，要根据不同的位置采用不同的方向。如果在 4 号位拦网，手臂和手所呈的平面应该是面向右的，这样才可以拦到界内。2 号位拦网则反之。

点击——跳发球技术小窍门

◆女排队员空中拦网

点击是排球运动发球的一种，因采用跳起后在空中发球而得名。它要求发球时充分伸展身体，提高击球点，并利用起跳的冲力，使球的飞行速度更快，力量更大。点击具有很强的攻击性，技术难度大，对身体素质要求较高。

准备姿势：自然站立，单手或双手持球于腹前，注意观察场上

情况。

◆队员发球

抛球：助跑迈出第一步的同时将球高抛在右肩前上方，落点在助跑线上，高度和距离要符合个人特点，以跳起最高点击球为准。抛球离手瞬间可加手指手腕动作，使球在空中产生旋转。紧接着，迈出第二步，两臂自然摆动，眼睛注视球，最后右脚跨出一大步，两臂在体侧划弧摆动，并使左脚迅速跟上，屈膝蹬地跳起，使身体腾空。

击球：腾空后，加大挺身屈腹，使身体成反弓状。右臂屈肘上举，手掌自然张开。当身体在最高点时，以猛烈收腹和提肩带动手臂向前方挥动，在手臂伸直的最高点，用全掌击中球的后中下部，击球点不宜靠前。触球瞬间手掌包满球，并主动屈腕推卷，使球快速向前旋转。击球后，身体可随球飞行落入场内，落地时要注意平衡，防止受伤。

跳发也可不加助跑，而用原地起跳发球过网。

拓展思考

1. 你知道练习传球的小方法吗？
2. 你了解排球颠球的小窍门吗？
3. 你知道排球扣球的小窍门吗？
4. 关于“跳发球技术”你了解多少？

玩转空中的“白色闪电”——羽毛球锻炼

◆羽毛球与拍

羽毛球运动是一项深受人们喜爱的体育运动。它是全面锻炼身体、增强身体机能的良好手段，也是培养良好的道德风尚、陶冶情操的有效方法。通过锻炼和比赛，还能培养顽强的拼搏精神和优良的意志品质，从而提高身体素质和心理素质。

羽毛球运动可以全面增强人的体质。前场、后场快速移动击球，中后场的大力扣杀球，被动时的扑救球，双打的换位击球等都需要练习者有较好的力量素质、速度素质、耐力素质、灵敏素质、柔韧素质以及快速的反应能力。

提高正手发球的小窍门

发球是羽毛球基本的重要的技术之一。羽毛球发球虽不能像乒乓球发球那样使球产生各种旋转，但它可以通过不同的发球手法，发出不同弧度、不同落点的球来控制对方，为本方创造进攻得分的机会。因此，羽毛球的发球应引起初学者的充分重视。

1. 发球站位：

单打发球在中线附近，站在离前发球线约 1 米左右。双打发球站位可靠近前发球线。

2. 准备姿势：

身体左肩侧对球网，左脚在前，右脚在后，重心在右脚上，右手持拍向右后侧举起，肘部放松微屈，左手拇指、食指和中指夹住球，举在胸腹间。

发球时，身体重心由右脚移至左脚。

◆空中抽杀

◆2008年中国香港羽毛球超级赛

用正手发球，不论是发何种弧线的球，其发球前的姿势都应该一致，这样就会给对方的接发球造成判断上的困难。

下面分别介绍用正手发球动作发出四种不同弧线的球的技术动作。

（1）高远球：

球的运行轨迹又高又远、下落时与地面垂直、落点在对方场区底线附近的球叫高远球。单打比赛时，常采用这种发球迫使对方退到最远的底线去接发球。如果发出的高远球质量好，就可在一定程度上限制对方一些进攻技术的发挥，使对方在接高远球时不容易马上组织进攻。在对方体力不支时，发高远球也可以使对方消耗更多的体力。

（2）平快球：

这种球比平高球的弧线还要低、速度还要快。在对方反应较慢、站位较前、动作幅度较大，或者对手是初学者时，效果往往很好。发球动作要领准备姿势也同发高远球。站位比发平高球稍后些（以防对方很快回到本方后场），充分利用前臂带动手腕爆发力向前方用力，球直接从对方的肩稍上高度越过，直攻对方后场。发平快球关键是出手的动作要小而快，但前期动作应和发高远球一致。发平快球时还应注意不要过手、过腰犯规。

羽毛球跳杀球的小窍门

以右手握拍为例，要领有以下：

1. 准备杀球之前先侧身，左脚在前，两脚的脚尖着地，并且用快速的

◆空中跳杀

后退步伐后退，使击球点在你的右肩前上方。因为击球点靠后的话就只能打高球了。

2. 杀球前身体后仰，基本成弓型，这样使你用上全身所有的力量。

3. 杀球前握拍一定要放松，手心和拍柄之间要有缝隙，这是最重要的，因为只有先放松才能用得出力量杀球，否则如果握拍一直很紧的话手腕的力量就肯定使不出来了。要在杀球的瞬间握紧拍子使劲杀球。

4. 杀球的瞬间靠的是手腕和手指（手指主要是食指）的爆发力，就像抽鞭子一样，这也是羽毛球所有后场技术都注重的，和网球不一样，绝对不要靠甩大臂来发力，否则球过去后既没有速度又会使你受伤。

5. 起跳的时候大概在球开始下落的时候，并且双腿要先保持微屈的姿势，靠脚尖蹬地的力量起跳杀球，杀球后立即转身，左脚在后且先着地，右脚落地后即回到场地中心位置。

小知识

跳杀球身体素质训练

1. 体能练习要保持。因为运动员的跳杀球是先要后退移动再起跳杀球，而后还要迅速上网，这样反复的进攻没有充沛的体能是根本做不到的。即使是原地的跳杀球也是很消耗体力的，所以体能要保持。

2. 弹跳能力也很重要，因为跳得高击球点抢得就高，球就有威胁。鉴于以上两点，你平时就要多练练羽毛球的专项素质：蛙跳、高抬腿跑、前后左右跳等等。再有就是练好基本的杀球后再像运动员那样训练大规模的起跳杀球。

羽毛球跳吊球的小窍门

羽毛球的吊球技术专门用于把后场高球还击到对方的网前区域。吊球的作用是调动对方站位，有正手、反手或头顶吊球三种区别。对于羽毛球初学者来说，首先要学好正手吊球技术，然后再学头顶吊球及反手吊球。

◆林丹吊球

◆女子双打

正手吊球：

（1）劈吊（快吊）：击球前期动作同正手击高远球。击球时，拍面正面向内倾斜，手腕作快速切削下压动作。若劈吊斜线球，则球拍切削球托的右侧，并向左下方发力；若劈吊直线，则拍面正对前方，向前下方切削。

（2）轻吊（拦截吊）：击球前期动作同正手击高远球。击球时，一种轻吊时的拍面变化同劈吊基本一致，但用力要更轻些；另一种是击球时，拍面正击球托或借助于来球的反弹力用球拍轻挡，使球过网后贴网而下。后者多用于拦截对方击来的平高球和半场高球。

（3）反手吊球：

反手吊球其击球前的动作同反手击高远球，不同处也在于触球时拍面的掌握和力量运用。吊直线球时，用球拍反面切削球托的后中部，向对方右网前发力；吊斜线球时，用球拍反面切削球托的左侧，朝对方左网前发力。

（4）头顶吊球：

头顶吊球也可作劈吊和轻吊。其击球前的动作同头顶击高远球一样。

不同的是球拍触球时拍面变化和力量的运用。吊直线球的动作同正手吊直线球基本一致，只是击球点不同；吊斜线球时，球拍正面向外转，切削球托的左侧，朝右前下方发力。

拓展思考

1. 你知道提高正手发球的小方法吗？
2. 你了解跳杀球的小窍门吗？
3. 关于“吊球技术”你了解多少？

挥挥手中的拍子——乒乓球锻炼

◆发球

乒乓球是一项集健身性、竞技性和娱乐性为一体的运动。作为一项全身运动，乒乓球所特有的速度快、变化多的特点决定了参与者在以下方面均可受益：①全身的肌肉和关节组织得到活动，从而提高了动作的速度和上下肢活动的能力。②极有效地发展反应、灵敏、协调和操作思维能力。此外，由于该项运动极为明显的竞技性特点和娱乐功能，又使其成为一项培养勇敢顽强、机智果断等等品质和保持青春活力、调节神经的有效运动。正像一位日本人所说的：“乒乓球将成为21世纪的第一运动。对于那些希望保持青春、健美，避免不幸事故发生的人，如果能够提高他们对乒乓球运动的兴趣，将无疑是一件乐事。”

乒乓球握拍小知识

乒乓球握拍方法分直拍握法和横拍握法两种，不同的握法各有其优点，从而产生各种不同的打法。

1. 直拍握法：直拍握法的特点是正反手都用球拍的同一拍面击球，出手快，正手攻球快速有力；攻斜、直线球时，拍面变化不大，对手难于判断。

2. 横拍握拍法：横拍握拍法的特点是正反手攻球力量大，攻削球时握法变化小，反手攻球容易发力也便于拉弧圈；但正反手交替击球时，需变换击球拍面，攻斜、直线时调节拍形的幅度大，易被对方识破。

注意以下要点：

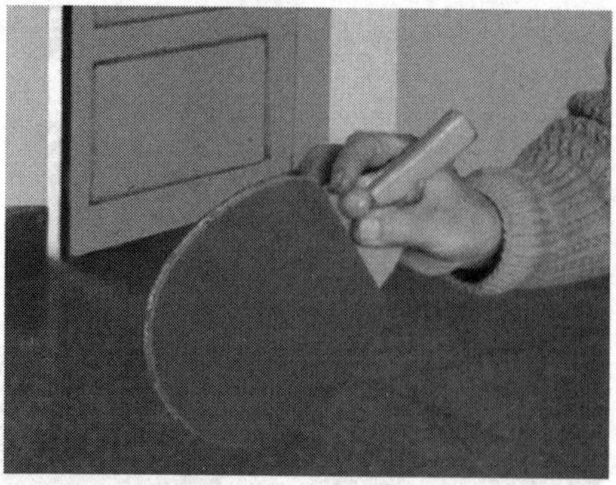

◆直拍握拍法

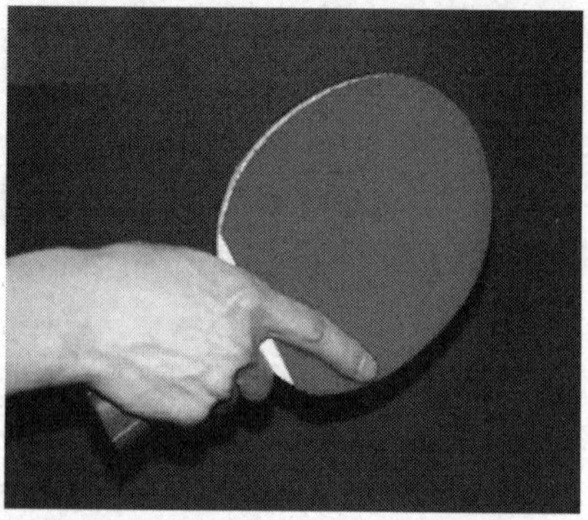

◆横拍握拍法

（1）无论哪种握法，握拍都不应过紧或过松。过紧会使手腕僵硬，影响发力时的手腕动作，过松则影响击球力量和击球的准确性。

（2）握拍不宜太浅。直握时，食指和拇指构成的钳形不能过大或过小，以免影响手腕动作的灵活性。

（3）在变换击球的拍面、调节拍面角度时，要充分利用手指的作用。

（4）不应经常变化握拍方法，否则会影响打法类型及风格的形成，尤其是初学者，更应注意。

广角镜——直拍推挡技术小窍门

直拍推挡技术是入门技术，其实很简单，主要注意三个要点。

1. 握拍方式：大拇指和食指抓住拍柄，剩余三个手指弯曲靠拢，并用中指顶住球拍的背面。切记：中指也是弯曲状态。

2. 站姿：双脚打开，略比双肩大一点，腿弯曲，挺腰，提臀，持拍手臂放松，肩膀略低于另一边，身体成弓形。因为推挡发力不是腕部发力，是腰部发力，所以一定要注意腰部吃上力。

◆推挡技术

3. 推挡技术：小臂带动大臂运动，腰部发力，这样回球才有力气，才能和对方打起练习。

注意点：拍子握好了，腕部千万不要发力，因为反手推挡腕子是不发力的，只是起支撑作用。推挡时尽量让来球落在拍子的中心偏右下的位置（右手握拍），这对球的落点就有一个判断，要在球弹起的最高点进行推挡。快推是在球一落桌子，就迎上前去，进行推挡。推挡一定要迎着推，别等球或落下的时候推，掌握好击球时间和击球落点。发力一定是小臂带动大臂，小臂部发力，带动伸出去，然后腰上发力，这样推球会有力度，不会越推越近。

反手推挡是一门基础课，只有不断的训练和自己的体会，才能很好掌握临时抱佛脚是不行的。

乒乓球正手发短球技术小窍门

首先我们要明确什么样的发球才称得上是质量较好的台内短球，这就是球过网之后的第一落点离网较近，并且第二落点甚至第三落点还是不出台，从而迫使对方无法拉球，只有采用搓接。

为什么会有这种效果呢？原因有二：

其一，发球时球拍对球的撞击很小、很薄，而摩擦的成分很大，使得球前进的力量很小，刚好能满足使球过网，所以才会有这种效果。

其二，发球时球在过网之前的落点与过网之后的第一落点有关，过网之前，落点离端线（白线）越近，过网之后，第一落点越靠近对手的底线，同理使得过网之前的落点离端线远一点，离网近一点，最好在网和端线的中间，这样即可保证球过网之后不会太长，也可避免下网。

◆发球

如何来练习呢？在发球时，在保证（网前）落点的同时，用手臂把拍子向前送，尽量快一点，使得球打得很薄。发球的薄厚从声音上就能很明显听出来。这个过程往往需要大量的练习，一般来说，至少要发几百个，才会找到这种感觉。

希望你勤加练习，祝你成功！

广角镜——乒乓球接球预判小窍门

判断的正确与否，直接影响接发球的方式和接发球的成败。为了判断发球的旋转性质、旋转强度及来球线路落点，应利用各种信息进行综合分析。①就对方发球时的站位决定自己接发球的站位。②观察对方发球前的引拍方向。③. 观察球拍触球瞬间摩擦球的方向，判断球的旋转性质。④观察发球时挥臂的动作幅度和手腕用力大小，判断球的落点长短和旋转强弱。⑤. 根据发球的第一落点判断来球的长短。⑥根据球在空中的飞行弧线判断旋转。⑦根据手感判断来球的旋转。

◆接球

接发球技术的具体运用：

1. 接上旋转（奔球）正反手攻球或推挡回接，拍面适当前倾，击球的中上部，调节好向前的力量。

2. 接下旋长球用搓球、削球、提拉球回接，搓或削时多向前用力。

3. 接左侧上下旋球可采用攻球和推挡（搓球或拉球）回接，拍面稍前倾（后仰）并略向左偏斜，击球偏右中上（中下）部位，以抵消来球的左侧上（下）旋力。

4. 接右侧上、下球可采用攻球或推挡（搓球或拉球）回击，拍面稍前倾（后仰）并向右偏斜，击球偏左中上（中下）部位；回接要点和方法与接左侧上、下旋球相同。

5. 接近网短球用快搓、快点或台内突击回接，主要靠手腕和前臂的力量。

6. 接转与不转球：在判断不准的情况下可轻轻地托一板或撇一板，但要注意弧线和落点。

7. 接不同性能球拍的发球：长胶、生胶、防弧胶的发球基本属不转球，用相应的方法回接。

8. 接高抛发球如球着台后拐弯的程度大，应向拐弯方向提前引拍。

拓展思考

1. 你知道乒乓球握拍的小方法吗?
2. 你了解乒乓球直拍推挡的小窍门吗?
3. 关于乒乓球接发球技术你了解多少?

体验贵族运动——网球锻炼

◆网球与网球拍

网球是世界上最流行的运动项目之一。网球的优点在于不仅可使运动者消耗多余热量，而且还可使运动者获得极大的乐趣，并且运动者不需要有完美的体形。这项运动允许运动者按自己的速度和节奏进行练习和提高，而且丝毫不会影响享受这项运动的乐趣。全世界有大约4300万人在从事网球运动，其中男女老少、高矮胖瘦的人都有。网球球迷观看完球星们比赛后，第二天就可以在同一场地、按照规则效仿他们。这些球迷不论男女老少，都觉得自己发起球来就像张德培；打截击球时，又像是休伊特。并且通过努力，他们真能做得像他们的偶像一样漂亮！网球运动隔网对垒，可以避免身体碰撞时造成的不必要伤害，并且可快可慢，可张可弛，身体各部分协调运动，各肌肉得到充分锻炼，最重要的是使运动者不再面对冰冷的健身器械，整个健身过程充满了乐趣。并且，网球运动是一项集技术和智力于一身的体育运动，必须不断地进行判断、反应。通过网球比赛，运动者可以锻炼他的控制力、耐力，养成良好的团队精神和良好的性格。

网球握拍小知识

击出流畅的、充满力量的、准确的球需要很多条件，但这一切都开始于你的握拍方式。这里给大家介绍一下网球握拍的一些方法：

（1）东方式握拍法（又分为正拍和反拍两种），动作要领。东方式正

拍握拍法：左手先握住拍颈，使拍子与地面垂直，然后手掌也垂直于地面，手握拍柄好像与人握手，故亦称“握手式”握拍法：准确地说，用右手掌根与拍柄右上斜面贴紧，拇指垫握住拍柄的左垂直面，食指微离中指，食指下关节压住拍柄右垂直面。由此拇指与食指成“V”形，对准拍辆的右上斜面和左上斜面的上端中间。东方式反拍握拍法从正拍握法把手向左转动（即把拍子向右转动），使拇指与食指成“V”形，对准拍柄左上斜面与左垂直面的中间条线。用手掌根压住拍柄的左上斜面，拇指贴在左垂直面上，食指下关节压在右上斜面上。

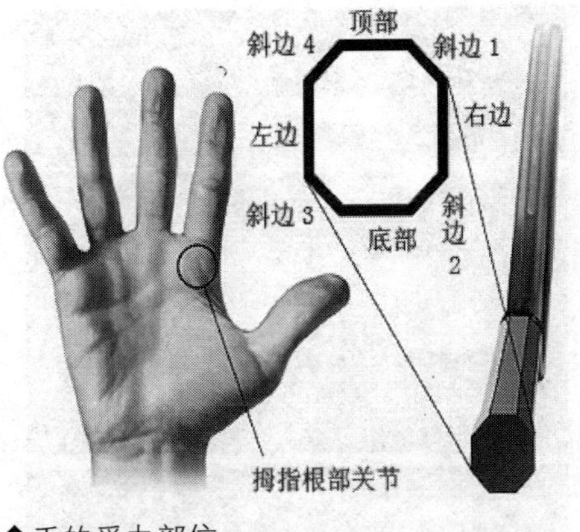

◆手的受力部位

◆接球

（2）大陆式握拍法。动作要领与东方式握拍法不同，大陆式握拍法在进行正、反拍击球时都无需变换握法。握拍时用手掌根贴住拍柄上部的平面，食指与其余三指稍微分开，食指上关节聚贴在右上斜面上，拇指垫贴在拍柄的左垂直面上。

（3）西方式握拍法。（又分正拍和反拍握法）。动作要领：西方式正拍握拍法手掌心朝下，手掌的大部分放在拍柄的底部，手掌根贴在拍柄的右下斜面上，拇指压在拍柄的上部手面，食指的下关节握住拍柄的右下斜面。拇指与食指的“V”形对准握柄的右垂直面。握拍的形状好似“一把抓”。西方式反拍握拍法在西方式正拍握拍的基础上，把球拍上下颠倒过来，用同一拍面击球或手腕顺时针转，使拇指与食指的“V”形对准拍柄的左垂直面，食指下关节压住拍柄的上部手面，手掌根贴在左上斜面。

（4）其他握拍法。混合式握拍法即半西方式握拍法，它的正拍介于东方式和西方式的握拍法之间，拇指与食指的“V”形对准右上斜面，它的

◆费德勒“单反”

特点是便于拍击任何来球，目前被不少优秀选手所采用。②双手反拍握拍法，它的动作要领是：右手是东方式反拍握法，握在球拍拍柄的底部，手掌根与拍柄对齐。左手握在右手的上方，作东方式正拍握拍法。该握拍法的优点在于对力量不足的运动员学反拍比较容易，同时这种握拍法易于对来球加上旋和进行发力，击球点可更靠后些；且动作的隐蔽性强，对方不易发现是击斜线还是击直线球。缺点在于要求步法精确。

网球正手击球小窍门

网球正拍击球是网球基本技术中最常用的击球方法，是初学者最先学习的技术。正手击球的动作，从理论上讲，动作比较深长，击球有力，速度也快。而在比赛中正手击球的机会比较多，正手击球后，可使本人在场上的位置更有利。由于现代网球速度的加快，不少网球爱好者担心反手球质量，因此经常采用偏近于反手的正手握拍法，结果在正手击球时使用了许多手腕动作，以致造成偏差和失误。下面以右手握拍者为例介绍正拍击球的动作要领（以后介绍的各项基本技术均以右手为例）

1. 准备姿势

面对球网，双脚向前自然分开与肩同宽，双膝微屈身体略向前倾，重心落在双脚的前脚掌上，右手握拍，左手轻托拍颈，双肘微屈，球拍舒适地放在身前，托面垂直于拍头指向对方，两眼注

◆击球动作分解图

视对方来球，作好击球准备。

2. 后摆引球

当判断来球需用正拍回击时，转动双脚，左脚跟抬起并向右倾前方上步，右脚向右转 90 度与底线平行，同时转肩转髋带动右手向后摆动引拍（此为关闭式步法，适用于初学者转体；另一为开放式步法，左脚不必上步，两脚平站但需要更多的向右转体动作），引拍时肘部弯曲、自然下垂，拍头低于膝盖，左手伸向前方，保持身体平衡，后摆引拍时身体重心移向右脚，左肩对着右侧的网柱，手腕固定，挥拍转动约 180 度拍头指向后挡网。

3. 击球动作（前挥击球）

从后摆进而向前挥动时紧握球拍，手腕后伸、固定，用力蹬脚，转动身体和挥拍，正拍的击球点在身体的右侧前方不超过腰的高度，击球时的挥拍速度最快，球打在拍面的中心，击球挥拍时的拍头是自上而下的臂挥动使球稍带上旋球。

4. 随挥跟进动作

球触拍后，使拍面平行于网的时间尽量长些，挥拍沿着球飞行的方向前送，重心前移落在左脚，身体也随着转向球网，挥拍动作在左肩上方结束，拍头指向上方高出头部。随挥跟进动作要比后摆动作大而充分，保证击球的稳定性，随挥跟进结束，立即恢复准备姿势，准备下一次击球。

怎样打好网球双手反拍技术?

双手反拍击球技术使反手击球在网球比赛中由防御性手段演变为进攻性手段。从而极大地增强了网球底线技术的进攻能力，使底线全攻型选手达到了一个新的高度。

◆双手反拍击球

握拍：双手半西方式握拍。左手主导挥拍动作。

拉拍：将肩膀向左转动并用双手将球拍往后拉出。

击球点：击球点是球拍接触球的空间位置（不是指球拍上的甜点）。反手击球点

◆双手反击

在身体左前方，高度在腰部以上肩膀以下。

挥拍：挥拍时将球拍从下往上，从后往前绕身体挥击。

随挥：当球拍接触球后，让挥拍的惯性带着球拍继续运动，直到球拍到达图片所时示位置。

站位：在拉拍时，将右脚向左前方踏出，形成这样的站姿。重心略微靠近前脚。注意保持平衡。

练一练——网球接发球练习

练习一，近距离对打：双方站在底线后，以尽量慢的速度将球来回打起来。把球打到对方能舒服回击的位置。目标：能够对打 30 个来回不失误。

练习二，近距离斜线对打：方式与练习一类似，但双方站在场地的对角线上，将球打给站在你斜对面的搭档。目标：能够对打 30 个来回不失误。

◆网球队员接球

网球发球小知识

发球基本分三种：平击发球、切削发球和上旋发球。每一种发球都有自己的特点和用途，好的发球具有相当大的攻击力，并使发出的球在速度、力量、旋转和落点方面有变化。

（1）平击发球

平击发球在诸种发球中是球速最快的发球法，也叫炮弹式发球。这种

◆费德勒比赛中发球

◆罗迪克比赛中发球

发球不但球速快，而且反弹低，如果身材高大就可以借助高点击球的空中优势直接进攻对方；如身材较矮小或女选手就不宜使用平击发球。这种发球虽然力量大、球速快、威胁大，但命中率比较低。发平击球时的击球点应在身体的右眼前上方，以拍面中心平直对准球，击球的后中上部。因此手腕的向前拌甩和前臂的“旋内鞭打”非常重要，身体充分向上向前伸展，以获得最高击球点，提高发球命中率。

（2）切削发球

这是一种以右侧旋转（略带下旋）为主的发球法。就是由球的右上往左下切削击球。由于切削发球的飞行轨迹及弹跳方向所定，该发球不但球速快，威胁大，而且容易提高发球命中率，为此被世界各国多数运动员所采用。发球时把球抛到右侧斜上方，球拍快速从右侧中上方至左下方挥动。击球部位在球的中部偏右侧，使球产生右侧旋转。

（3）上旋发球

这是以上旋为主、侧旋为辅的发球法。由于球的上旋成分多于切削发球，使球产生一个明显的从上向下的弧形飞行轨迹过网，发力越强，旋转成分越多，弧形就越大，命中率也越高；落地后高反弹到对方的左侧，迫使对方离位接球，给对方造成很大压力，同时为发球上网带来足够的时间。发上旋球时把球抛到头后偏左的位置，击球时身体尽量后仰成弓形，利用杠杆力量对球加旋转，球拍快速从左向右上方挥动，从下向上擦击球的背面，并向右带出，使球产生右侧上旋。

网前截击技术

◆网前拦截

◆网前拦截

网前截击技术，又称挡网，是指球在空中未落地之前，用球拍推挡过网的击球方法，它是网球基本技术的一项重要内容。在各种职业网球比赛中，我们经常会发现各种各样的截击技术，但对于一般初学者，应该从基本的截击技术开始学习。那么，基本的截击技术的要点是什么呢？

1. 正手截击应采用东方式正手握拍，反手截击采用东方式反手握拍。东方式握拍的正反手截击手法，可保证在正反拍击球时，拍面与球的充分有效撞击。

2. 截击技术的引拍动作要迅速、简单，幅度要小。不管是正拍截击，还是反拍截击，引拍动作一定要以转肩为主。引拍后要保持球拍与肩平行，不高于肩膀，拍头高于手腕，同时眼睛紧盯着来球。

◆网前拦截

3. 击球点的位置要尽量赶在前。当判断好来球后，应尽可能地在身体前面击中球。这样主动地上前迎击球，能充分利用身体的力量，依靠固定手腕，控制好拍面，就可有效地回击球。正手截击时，应做到以手腕领先于身体击球，即手腕在击球时处在身体的最前面，使球拍和手臂呈“<”状。反手截击时，要做到

以肘部领先身体击球，即肘部在击球时处在身体的最前面，使球拍与手臂呈“>”状。

拓展思考

1. 你知道网球握拍的小方法吗？
2. 你了解网球正手击球的小窍门吗？
3. 关于网球网前截击技术你了解多少？

体验做飞鱼的乐趣——游泳锻炼

◆自由游泳

游泳是最受欢迎的健身运动项目之一。适当地进行游泳锻炼，不仅能给人带来心理上的愉悦，塑造流畅和优美的体型，还能够增强心血管系统的机能，增强体质，提高协调性。许多运动项目都容易给机体造成劳损或损伤，但游泳是劳损和损伤率最低的体育活动。因此，游泳是一项很好的、可以终身进行锻炼的健身运动。

游泳前的装备准备

无论是刚学游泳的人还是经常参加游泳的活动者，都要准备一些必需的用具，这样才能使游泳活动称心如意地进行。

◆小朋友练习游泳

1. 合身的游泳衣裤：游泳衣裤必须合身。如果太大，在游泳时容易兜水，以致加大身体负重和阻力，影响游泳动作。因此游泳衣裤要以穿在身上感到舒适为宜。至于质量，中老年人应选择纯毛或棉毛制品，以深色为宜。年轻人可选择海滩式的尼龙游泳衣裤，颜色以鲜艳的为好，这样可增添美感。

2. 合适的游泳帽：游泳时应戴游泳帽，特别是女性，可以防止头发散乱。有时水质不好还可以防止头发变黄。游泳帽应选带有松紧的尼龙制品或橡胶制品，不能太大，否则容易脱落。

3. 游泳眼镜：如果水质不干净，游泳时细菌很容易进入眼内，以致产生红眼病等。为了预防眼病，需要戴游泳眼镜进行游泳。对于初学游泳的人来说，戴游泳眼镜还可以避免在水中睁不开眼睛的毛病。

◆比赛中的队员

4. 耳塞：在游泳时水流入耳朵是难以避免的。耳朵进水后很不舒服，有时会引起疼痛以致影响听力。为了防止水进入耳朵，应备有耳塞。

5. 浮体物品：初学游泳者，最好自备一些浮体物品，例如救生圈（衣）、泡沫塑料打水板等。但自备这些物品时，要时时检查救生衣、圈有无漏气，以防发生事故。

小贴士

什么人不宜游泳？

●心脏病、高血压、肺结核等严重疾病，难以承受大运动量的人。

●沙眼、中耳炎、皮肤病、性病等传染性疾病患者有可能给别人带来麻烦。

●饭后或酒后不宜立刻游泳，因为胃受水的压力及冷刺激易引起痉挛腹痛，久之会引起慢性胃肠炎。饭后四十分钟方可游泳。

●月经期不宜游泳，若有保护装置并且有游泳习惯的人可以游，但时间不宜过长。

6. 浴巾和拖鞋：浴巾和拖鞋是游泳者必备的用品。在游泳的间歇或游完后上岸，用毛巾擦干身体，披上浴巾，穿上拖鞋，既可以保暖，防止感冒，又比较卫生。在冬泳时，更是不可缺少。

7. 鼻夹：游泳时，由于水波常会把水冲入鼻孔，产生呛水、咳嗽，尤其是初学游泳者，为了防止水进入鼻孔，最好准备一个鼻夹（体育用品商店有售），它可强制用嘴吸气，而不用鼻吸气，可以避免呛水。

游泳的卫生知识

在炎热的夏天，游泳还可以帮助身体散热，使人觉得凉快、舒服。但是，游泳必须注意安全及卫生，不然，就容易发生伤病事故。游泳时应注意哪些问题呢？

（1）先要请医生检查身体

因为在游泳的时候，人所消耗的体力比平时要多上八倍，所以，患心脏病、活动性肺结核、肝病、肾病的人，不宜参加游泳。患红眼病、传染性皮肤病的人，也不要游泳，以免互相传染。

◆奋力拼搏

◆比赛后的惬意

（2）暖身运动

下水前要先在岸上做准备活动，否则，突然进行较剧烈的活动，容易使肌肉受伤或发生其他意外。

（3）预防措施

跳水时一定要摸清水深及水下的情况，防止碰伤等意外，同时要避免腹部和睾丸直接受到水面的强烈打击。还要保护好耳朵，因为耳朵遭到水面强烈的打击，会使鼓膜往里凹陷，甚至破裂，造成耳聋。如果鼻子里进去水，不要捏紧鼻子用力擤，这样容易把水从鼻咽腔通过耳咽管挤到中耳里去，发生中耳炎。

（4）冲洗

游泳后，要用干净水把全身再清洗一遍，以免传染疾病。

练一练——蛙泳练习方法

（一）腿部动作练习

1. 陆上模仿练习

（1）坐姿蹬水：坐在池边或凳上，上体稍后仰，两手后撑，做收腿、翻脚、蹬夹、停的动作。

（2）卧姿蹬水：俯卧在凳上做同上练习。

2. 水中练习

（1）手扶池槽仰卧和俯卧做腿部动作。

（2）手扶池槽仰卧和俯卧姿势，由同伴抓其脚，帮助体会翻脚、蹬腿动作。

（3）蹬池壁滑行做腿部动作。

（4）手扶打水板做腿部动作。

◆小朋友练习游泳

◆蛙泳图解

（二）臂和呼吸配合练习

1. 陆上模仿练习

站立姿势，上体低头前倾，两臂前伸，做抓水、划水、收手伸臂动作。划水时抬头吸气，伸臂时低头呼气，体会臂部动作与呼吸的配合。

2. 水中练习

（1）两脚开立站在齐胸深的水里，上体前倾，两臂前伸，做臂部动作。划水时不要用力，主要体会划水路线和收手的动作。

（2）同上练习，配合呼吸，臂划下时抬头吸气，收手时低头闭气，臂前伸时吐气，借助划水前进力，两脚可在水中向前走动。

（3）双人练习，练习者俯卧水面上，同伴站在练习者两腿之间，抱住练习者的腰部或大腿，做臂部动作和呼吸配合练习。

自由泳练习方法

◆自由泳比赛

◆运动员自由泳

自由泳是模仿人体爬行的一种游泳姿势，在各种比赛中速度最快，所以自由泳又称爬泳。

游自由泳时身体俯卧在水中几乎与水面平行，两腿上下交替鞭状打水，两臂轮流空中前移，肩前入水，经腹下向后划水，身体纵轴随着两臂划水自然转动，头同时侧转呼吸。

动作配合：一般是两臂各划水一次，两腿打水六次（或四次或两次），呼吸一次。练习法：

1. 水中扶边打水练习

双手扶池边，将肩浸入水中，身体平直，髋关节伸展，练习时可要求大腿带动小腿打水，向下打水时稍用力，向上则放松，可做快打和慢打的交替练习。

2. 陆上模彷练习

坐在池边，身体宜往前靠，以臀部接触支撑身体，以免影响大腿的打水，上体稍后仰，脚面伸直，足踝放松，做直腿和屈腿的打水练习，打水幅度约 30～40 厘米。

3. 划臂练习

两腿前后并立或左右并立，上体前倾，肩部浸入水，划水时要用力，移臂时放松。开始时可先单臂练习，一开始划水可分为四段练习：①入水；②抱水；③划水；②空中移臂。然后缩短为两段练习：即①抱水划水；②移臂入水。移臂时宜强调肘高于手，并由单臂逐渐过渡到双臂连贯练习，也可做臂和呼吸的配合练习。

4. 水中滑行打水练习

吸气后蹬边，缩小腹，身体尽量伸展，腰背保持适当张力，头夹于两臂之间成流线型，滑行后开始打水。

5. 单臂配合打水练习

蹬壁滑行后，在打水的基础上做单臂的划水练习，当一臂划水结束并完成臂前移入水的动作后，另一臂才开始做划水动作，熟悉后并配合换气练习。

知识窗

自由泳练法口诀

1. 身：身体平稳水中趴，双臂交叉轮流划，两腿鞭状上下打，慢呼快吸向前划。

2. 臂：移臂放松肩前插，小臂手掌对准水，沿着中线把速加，两臂轮流交替划。

3. 腿：大腿发力带小腿，两腿交替来打水。

4. 换气：头在水中慢吐气，转头张嘴快吸气。

拓展思考

1. 你知道游泳前的装备准备吗？

2. 你了解游泳的卫生知识吗？

3. 关于蛙泳、自由泳的练习方法你了解多少？

走近运动之母——田径锻炼

田径是以跑、跳、投、走、跨等体育基本动作为锻炼目的的体育项目。她被喻为体育运动之母，因为除一些特殊的体育项目以外，大多数体育运动都是由跑、跳、投、走、跨这些基本动作演变而来的。也就是说，田径运动是体育运动的基础。从体育运动的发展来看田径运动的地位可想而知，进行田径运动不仅可以锻炼心肺，还可锻炼肌腱、骨骼、协调性。

参加长跑比赛的几点小建议

1. 比赛前（赛前三天之前）少吃或不吃含糖食物，到赛前三天开始多吃高糖食物；比赛当天吃饭八成饱，食物要容易消化；比赛前30～40分钟可以饮200毫升浓度为40％的葡萄糖水，另外吃三片维生素C。不要吃巧克力。

2. 认真做好运动前的准备活动。田径运动很容易造成肌肉、关节和韧带损伤，尤其下肢受伤的机会更多。防止的唯一办法是赛前的准备活动。准备活动越充分越不容易受伤。可在慢跑的基础上对肩关节、肘关节、背腰肌肉、腿膝踝关节等部位进行活动，强化肌肉韧带的力量，提高机体的

◆中学生课间锻炼

◆长跑比赛

灵敏性和协调性，从而防止受伤，提高运动成绩。

3. 运动或比赛前，学生应注意保持良好的睡眠和体力的积蓄，赛前应控制过多的饮食，更不得饮酒。

4. 等全身发热时才脱外衣，长跑结束后应立即披上外衣，以防伤风感冒。长跑时所穿的鞋袜应柔软合脚。

5. 运动或比赛后，应做好放松活动，以尽快恢复体力和肌肉的力量。其方法是对身体各部分进行放松性的抖动、拍打，双人合作互相按摩等。

长跑时为什么发生胸痛

◆长跑锻炼

一般健康人在长跑时出现胸痛，大多是由于呼吸不得法引起的。一种是呼吸过快。长跑时，身体的新陈代谢加强，需氧量增加，为了吸进更多的氧气，在呼吸上就不但需要加快，而且需要加深。有些人跑时不注意加深呼吸，而只是加快呼吸频率，这就使呼吸的收缩过于频繁，过度紧张，以致引起呼吸肌的痉挛，刺激了呼吸肌里的感受器，而产生疼痛。人体最主要的呼吸肌，是肋间肌和膈肌。当肋间肌痉挛时，胸部两侧会发痛。当膈肌痉挛时，疼痛就发生在两肋下。再一种是冷天长跑时张大口呼吸，吸进的空气太冷。冷的空气吸到肺里，刺激肺部血管使其收缩，血液循环因此受到阻碍，也会引起胸痛、胸闷。

小知识——长跑中怎么样预防胸痛？

长跑中发生的这种胸痛不是病，而且完全是可以预防和制止的。办法是：

1. 注意加深呼吸，做到呼吸慢而深，在出现胸痛时，要及时调整呼吸，用力向外呼气。这样既可以吸进大量的空气，满足长跑时的需要，又可以使呼吸肌

◆长跑比赛

得到放松，而消除疼痛。

2. 注意呼吸节奏，把呼吸节奏和跑的动作节奏配合起来，做到两步一呼，两步一吸（或三步一呼、三步一吸），这样也容易做到呼吸深而慢。

3. 天冷时长跑，不要张大口呼吸，而要用鼻子呼吸，或口鼻并用（口微开，轻咬牙）。这样，空气从鼻子和齿缝里进去，就可以使冷空气加温变暖。

经常参加运动后要注意养护皮肤

经常参加体育运动的人，由于机体的新陈代谢较快，同时流汗过多，导致汗液中的酸性物质伤害表层肌肤，使皮肤过早老化。所以爱运动的人要针对这些特点，掌握一些护理技巧，让皮肤光洁柔嫩。

保证水量：运动时会大量出汗，要比平常消耗掉更多的水分，如果不及时补充水分，身体中就没有足够的水分来满足皮肤细胞的需要。身体每天至少需要 8～10 杯的水量，运动后最好喝不加咖啡或果汁的纯水，也可以随身带上一瓶水，随时补充水分，多喝水不仅有利于排汗排毒，更有利于皮肤的呼吸畅通。

运动后重养护：每次运动后要清洁面部，抹上护肤霜，再将眼角、嘴角抹上一点油脂丰富的除皱霜，而且要持之以恒，只有长期坚持，才能避免皮肤过早老化。

知识库——短跑中的摆臂技术

合理的摆臂动作，首先是维持人体的平衡。人体直立不动时是平衡的，当向前迈步时，人体的平衡就被破坏了。人在赛跑时，跑进的速度越大维持身体平衡越重要。为了保证人在跑道上快速直线位移，必需保持前后、左右两个方向上

的平衡，这个任务主要依靠摆臂来完成。

前后方向的平衡是依靠腿和臂的同侧、反向同时摆动来维持，当然人体躯干绕纵轴的转动（具体表现为髋轴和肩轴的转动）对平衡同样起很大作用。合理的摆臂动作不仅能保持身体的平衡，而且有助于加快两腿动作的频率和加大摆幅。摆臂和摆腿是“同步”运动，臂的摆速越快，腿的摆动速度也自然加快。

◆短跑中摆臂

长跑中的极点现象

在长跑过程中，有一段时间身体感到特别难受，出现胸部发闷、呼吸困难、心跳、腿软、头晕恶心、步子发沉等现象，这就是生理学上所指的“极点”。它是一种正常的生理现象。

“极点”是怎样产生的呢？它是由于人体从安静状态转入到运动状态时，身体的各个器官未能很好配合，尤其是心脏和呼吸器官的活动未能适应肌肉、骨骼等运动器官活动的需要，引起大脑皮层工作的紊乱。同时，由于人体在活动过程中，产生了大量的二氧化碳、乳酸等代谢产物，不能及时氧化和排除，并越积越多，为了吸入氧气和排出二氧化碳，呼吸越加急促，心跳更加频繁，大脑皮层受到这种过度刺激，中枢神经系统的协调性遭到破坏，因而出现了上述“极点”现象。“极点”出现之后，经过一个很短的时间，由于内脏器官的活动逐渐适应了运动器官活动的需要，大脑皮层工作正常起来，上述各种难受的感觉随之消失。此时，跑的动作转为轻松自如，这就是运动生理中的所谓“第二次呼吸”。

广角镜——长跑中怎么样克服极点现象？

“极点”和“第二次呼吸”出现的早晚，与身体素质、训练水平、运动强度、运动时的呼吸及运动前的准备活动有很大关系。一般来说，身体素质好，训

◆男子长跑

练水平高，运动强度适当，运动前的准备活动充分，“极点”出现得就晚，并且持续的时间短，“第二次呼吸”到来得就早，难受的感觉轻微。有些训练有素的队员，往往感觉不到“极点”的出现。反之，“极点”出现得早，并且持续的时间长，“第二次呼吸”到来得晚，难受的感觉会较强烈。

怎样才能克服和减轻长跑中出现的“极点”呢？

1. 长跑准备活动要充分，使身体的各器官神经达到一定的兴奋程度，防止心肺功能和工作强度不相称的现象。

2. 开始长跑时，速度要适当。长跑的速度太快，易引起强烈的“极点”反应，长跑的速度太慢，达不到一定的强度，发挥不出应有的运动水平，锻炼效果就不会明显。

3. 长跑时要注意呼吸节奏，有意识地使呼吸加慢加深，使肺脏吸入更多的氧气，排出较多的二氧化碳，防止身体在缺氧的状态下进行物质代谢。

4. 经常坚持锻炼，提高训练水平，增强心肺等内脏器官的活动能力。加强锻炼，尤其是练习长跑，使各器官系统的协调性更加稳定，是克服和减轻长跑中出现的“极点”的有效措施。

拓展思考

1. 你知道长跑中为什么会发生胸痛吗？
2. 你了解短跑中的摆臂技术吗？
3. 关于长跑中的极点现象你了解多少？

传承精武文化——武术锻炼

◆武术表演

系统地进行武术训练，对人体速度、力量、灵巧，耐力、柔韧等身体素质要求较高，人体各部位“一动无有不动”，几乎都参加运动，使人的身心都得到全面锻炼。实践证明，武术训练对外能利关节，强筋骨，壮体魄；对内能理脏腑，通经脉，调精神。武术运动讲究调息行气和意念活动，对调节内环境的平衡，调养气血，改善人体机能，健体强身十分有益。武术套路运动和搏斗运动，都是以技击作为它的中心内容的，通过武术锻炼，不仅能够达到增强体质的作用，而且能够学会攻防格斗技术，特别是武术功力训练，更能发挥技击的实效性。

武术的搏斗运动，通过攻防技术练习，拳打、脚踢、快摔等动作的运用，并在攻守中互相扬长避短，攻彼弱点、避彼锋芒，讲究得机、得时、得势，从而提高判断力和应变能力。这无疑能提高人们克敌制胜和防身自卫的能力，尤其对公安武警和边防指战员更有实际意义和作用。

五步拳练习方法

五步拳是查拳入门拳套，也是学习国标武术入门之基本拳术组合小套。它包含了武术中最基本的弓、马、仆、虚、歇五种步型和拳、掌、勾三种手型及上步、退步步法和搂手、冲拳、按掌、穿掌、挑掌、架打、盖打等手法。通过五步拳的练习可以增进身体的协调能力，掌握动作与动作

◆练习五步拳

◆五步拳

之间的衔接要领，提高动作质量。为进一步学习武术打下基础。

五步拳动作解说：

1. 预备式：两脚并拢，双手握拳抱于腰间，拳面与小腹在同一个平面，双肘后顶，向左摆头，目视左前方。

2. 左弓步搂手冲拳：2—1，弓步搂打之马步搂手：（过渡动作）左脚向左横跨一大步成马步，同时左拳变掌向左搂出，掌指朝上，虎口撑开。目视左方。2—2，弓步搂打之弓步冲拳：左掌变拳收回腰间，拳心朝上。马步向左拧腰转胯成左弓步，右拳同时内旋击出，拳心向下，力达拳面。目视前方。

3. 弹踢冲拳：右拳外旋收回腰间，拳心向上，左拳拧旋击出，同时右脚向前弹出，脚面绷平，力达脚尖。左拳拳心向下，上身直立，目视前方。

4. 马步架打：右脚前落成马步，左拳变掌向上撩架，右拳向前击出成平拳。眼看右方。

5. 歇步冲拳：5—1，歇步盖打之转身盖掌：向左转身，左脚后撤右脚后方，左掌变拳收回腰间，右拳变掌从上向左下横盖。目视前方。5—2，歇步盖打之歇步冲拳：下蹲成右歇步，右掌变拳收回腰间，左拳平拳击出，目视前方。

收式：左脚向右脚并拢，双手变拳收回腰间。向左摆头，目视左前方。

太极拳练习方法

现在练习太极拳，不可能像过去一样，朝夕不离师父，大多数人只能通过学习班或者大伙集中在一起来学习太极拳，顶多老师给你个别指导一下要领。也有个别人缘分好的，遇上一个好老师，单独教练。目前大致有五种太极拳的练法供朋友们参考。

◆晨练太极

第一种，练习拳架。主要以锻炼身体为目的，看上去要舒展优美，确切点叫“太极操”。这是一种初学状态。

第二种，练推手。主要以各种用力技巧为主，领会如何松肩、松腰、松胯，如何沉肩坠肘，如何手上不用劲而以腰为轴带动，用上周身的劲，如何引进落空，如何气沉丹田，如何棚履挤按等。这比第一种练法上了一个层次。

◆教太极

第三种，练习散手。练习拳架的过程中仔细体会每个动作的技击格斗含义，也就是说直接练习太极散手，要有相当武功底子的人练习才事半功倍。这比第二种练法又提高了一步。

第四种，神意气的练法。以内气运行线路为主要的练习途径，强调意念的配合，是在拳架练习到纯熟后，进入相忘境界，在意势导引下，阴阳相随的练习方法。练习太极拳练到头脑里什么都不需要记忆，手脚的活动好像是自己在动。这种感觉即为“相忘”境界，这是天人合一的境界，是人与自然的和谐，人自身的和谐有诗云：“行拳如在白云中，人自无心拳亦同，月透白云云影白，白云明月任西东。”这是第五种练习方法的开始。

第五种，先天的练法。神意气的修炼毕竟还是后天的东西。道家所谓“心死则神活”，不著任何后天意念，先天的东西自然就能出来，所谓拳无拳，意无意，无意之中是真意。一定要能静下心来，才能进行这方面的修炼。

广角镜——陈氏太极拳推手的几种方法

◆太极表演

第一种姿势叫挽花，可以单手挽也可以双手挽，比如甲乙两人对立，两脚不动，甲与乙两脚套在一起，互相用滑空的方法，对挽连绵不断。彼此用牵牛之法，将脚跟牵动。有功夫时，让你有牛大之力也牵不动，脚踏地丝毫不动。两手如称杆之灵，用缠丝劲，如蚕作茧，丝头不断，完全是用巧。推得功夫成熟时，特殊表现：未会牵牛意如何，两手犹如用丝箩，年年祈与人间巧，不到人间巧更多。

第二种姿势叫推手，甲乙两人对立，彼此两脚不动，甲用双手按乙胳膊，乙用棚法将甲滑空，乙再用两手按甲胳膊，甲用棚法将乙滑空。可以推得很长时间，什么时候没有力气，什么时候停下来。这个推手的方法完全杀走法，也就是滑空之法，两人推得功夫纯熟时，推得身上比冰凌还滑，胳膊如棉花裹铁。两个人的内劲接连得如胶似漆，粘沾不散，这个功夫推的只有半个圈，只有一个按，一个棚，没有捋和挤。推得长久时特点表现：滑如冰凌，粘如胶，软如棉花，硬似铁。

武术基本功练习注意的事项

不管是青少年还是成年人，在进行武术基本功训练中都应当注意以下几个大的方面：

1. 姿势一定要正确，如果不正确宁可不练。有经验的学生和老师都明白，纠正一个养成习惯的错误动作以后的修改、练正之间的过程非常艰难。

◆少林童子功

2. 养成用鼻子呼吸的习惯，爱护好肺部的吸放。因为我们的运动是缺氧运动，强烈呼吸次数比普通人多得多，对于肺部的间接保护是相当有必要的。在运动量大时可用嘴呼气，但不能用嘴吸气，这点要切记。

3. 要循序渐进、持之以恒，不要急于求成，欲速而不达，练功是数量、时间、汗水和智慧的结合。在蔡志忠漫画改编的动画系列短片《禅说》中，其中某篇就是讲述欲速不达的情况：一位急于求学的学子问老师我要学完这个知识要多久啊！长者回答说要 10 年。学子惊讶要这么久啊，长者回答那你要学 20 年。学子又问有捷径吗，长者回答那你要学 30 年。这告诉我们一个道理。万事万物的道理皆是如此，如果可以简易化，那每个人都是高人了。

4. 任何时候要保证安全，确保万无一失。身体是革命的本钱，健康是生命的根源。切记各方面的安全保障。

5. 八不练：大风、大雨、大雪、大雾、吃饱、饥饿时，生病、劳累或情绪不佳时不要练功，只要不是存心去少练一次，有这些特殊情况，可以不练，否则适得其反。

练习散打时应注意的事项

1. 练习前。在散打练习时首先要做好准备活动，如跑步、跳绳、游戏等。各关节要充分活动开，做压腿、提腿练习，以免训练时因为用力过猛使关节和肌肉受伤。做十几分钟抗击练习，自己打一打，也可以让别人踢打面部、腹部、两臂等。抗击练习要由轻到重，由慢到快，切忌急于求成。

2. 实战练习时。要带好护具，没有护具的部位不要重击，切忌开玩笑、斗气，或者有意伤人，要讲武德。

◆散打比赛

3. 练习后。应做些调整活动，如慢走、扩胸、转腰、按摩肌肉等，以消除疲劳。不要马上游泳，或躺在潮湿的地上，也不要在风口处久留或大量的喝水。

青少年学习武术时注意事项

武术是以健身、习武为主要目的的运动项目。武术也称武艺、国术、功夫等，历史源远流长，内容丰富多彩，是中华民族文化的瑰宝，在国际上享有很高声誉。武术内容以技击、健身为核心，注重形神兼备，内外双修。

◆青少年练武术

1. 学习武术的益处

不少父母让孩子学习武术是为了提高孩子的自我防护的能力，增强体质，少得病。其实，孩子学习武术还有更多好处：能够促进孩子身体全面发育，培养正确的身体姿势，提高速度、协调、灵敏、力量、柔韧等素质，发展时空知觉和节奏知觉以及肌肉控制能力、想象力、注意力、形象和运动记忆力、模仿能力，培养尊师爱友、团结互助、勤学苦练、自律守规、自信自尊、勇敢坚毅等民族传统武德。

◆武术比赛

2. 学习武术需做的准备

日常练习武术时，要给孩子穿宽松、易于活动的服装，以免影响孩子的运动效果。幼儿园或学校的才艺表演，一般经常会安排集体武术操的表演，这时往往

需要统一配置服装。有垂坠感的武术套服匝上腰带，能为孩子的才艺表演增色不少。

3. 几岁开始学武术合适？

4 岁以后，孩子身体的协调性和柔韧性等能力发展较快，注意力、记忆力、思维能力、行为控制能力都有明显的提高，这为学习武术提供了良好的条件，这时就可以开始学习武术。但孩子的学习和运动能力毕竟还不高，仅适宜学习一些简单的武术动作和动作组合，运动量也不能过大。在家里练习时，内容安排要紧凑，最好不要超过 30 分钟。

广角镜——武术中常见的伤病及处理方法

在武术训练中，由于训练方法、训练水平及训练环境等因素的影响，常使运动员的身体出现不同程度的伤病，这不仅妨碍提高运动成绩，甚至会使运动员过早地结束运动生涯。下面列举一些常见伤病的处理方法及预防措施，旨在总结经验，做好预防工作，以保证训练的正常进行。

◆散打比赛

1. 切伤，刺伤

持械训练或演练中被器械伤及皮肤。伤口呈直线形，出血较多。如单刀或双刀训练时，刀刃触及皮肤。

刺伤指尖物刺穿皮肤及皮下组织。伤口较深。如对练项目中空手夺枪、双刀破枪时．枪刺中对方身体。

处理方法：伤口较小时，先用生理盐水冲洗伤口，再用碘酒和酒精消毒，贴上创可贴或消毒纱布；伤口较大、较深时，应及时送医院作清创处理，彻底止血，缝合伤口，口服或注射抗菌药物，并注射破伤风抗毒素。

2. 肌肉痉挛

肌肉痉挛指肌肉发生不自主的强直收缩，俗称抽筋。主要因训练时间过长，电解质大量消失，电解质平衡受到破坏，神经肌肉的兴奋性增高，因而发生痉挛；或由于身体疲劳，肌肉中堆积了大量乳酸，乳酸不断对肌肉的收缩物质起作

◆搏击王争霸赛

用，从而发生痉挛。肌肉痉挛表现为肌肉僵硬、疼痛难忍，最常见的是腓肠肌痉挛。

处理方法：从相反的方向牵引痉挛的肌肉。注意用力要缓慢、均匀，切忌突然发力。

3. 关节扭伤

关节扭伤指在外力作用下，关节的活动超过了正常的活动范围而引起关节韧带扭伤。轻者，韧带附着处骨膜撕裂或韧带牵拉性损伤；重者，韧带纤维部分撕裂或韧带完全断裂。以踝关节扭伤最为常见。关节扭伤表现为关节疼痛、肿胀、活动受限。如做腾空飞脚时，身体在空中歪斜，落地时重心偏移，使踝关节突然扭伤。

处理方法：受伤较轻者应立即用拇指指腹压迫痛点止血，或用冷水冲洗1～2分钟，切忌用热水敷患处。一天以后，可热敷或贴止痛膏，一般1～2周即可痊愈。

体验身体舒展的快乐——体操锻炼

体操，动作内容繁多、风格各异，各类动作均具有优美性和艺术性的特征，并充分展现出协调、韵律、柔和、优雅等健美气质。练习体操对身体的全面发展能起到良好的作用。它不仅能发展柔韧、力量、协调、灵巧等身体素质，锻炼健美体态和培养良好的身体姿势，而且还可以培养节奏感、优美感，提高音乐素养和表现力。

头手倒立练习方法

头手倒立是初三男生体操教材内容，此项目主要是训练学生的空间平衡能力。练习时身体重心处于不稳定平衡状态，学生在练习提臀、蹬地等一系列动作过程中，由于重心不易控制容易失败，而我们平常采用的辅助性练习又都不能很好地解决这个问题。对此笔者经过多年的教学实践，摸索总结出一种行之有效的辅助练习方法——“倒爬墙”练习法。

练习时，学生背对着墙蹲立（非面对着墙），双脚紧靠着墙面，将头前额、两手成等边三角形放置，然后提臀，两只脚沿着墙面慢慢地依次向上爬，直至伸直。体会倒立状态下头颈、手臂、腹部等肌肉用力感觉，然

◆倒立

◆体育课上倒立训练

后试着将一只脚轻轻地移离墙面，进而将两只脚全部移离墙面，进一步体会倒立时肌肉用力和倒立平衡的感觉。此时可有一保护的同学轻轻地扶着练习者的双脚，如此反复练习，直到自己能够独立完成倒立动作。

鱼跃前滚翻几种练习方法

在技巧鱼跃前滚翻的教学中，有的学生在初步掌握动作之后，会出现一种自足或厌倦的情绪而影响动作质量的进一步提高。为了消除这种不良心理，采用以下几种腾越的趣味性练习，可以使课堂气氛生动活泼，提高学生练习兴趣，达到不断提高动作质量的目的。

1. 跃实心球练习。可根据学生的能力而定，在学生练习垫子前方排列3～5只实心球，以每个球为一道标志，做跃过实心球标志线的鱼跃前滚翻练习，体会两臂远伸的技术动作。

2. 鱼跃橡皮筋练习。橡皮筋的高度可根据学生的能力升降，做跃过橡

◆鱼跃前滚翻 1

◆鱼跃前滚翻 2

◆鱼跃前滚翻 3

◆鱼跃前滚翻 4

皮筋的鱼跃前滚翻练习，体会腾空高度，提高两臂控制力量的能力。

3. 练习者前以同学跪撑成障碍的穿越练习。这样的练习采用了人作为障碍来替代实物，侧向跪撑在练习者脚前。随着学生鱼跃远度能力的提高，跪撑的人数可由一人增加到两人。在采用这个练习方法时切记不可随意多加人，以免增加学生练习时的恐惧心理和产生安全隐患。

当然，练习的方法还有很多。通过这些方法的练习，可以有效地提高学生练习的积极性，提高动作的质量。动作要遵循由易到难、由低到高的原则，更要注意安全。

你知道吗？——侧手翻练习方法

动作要领：两手上举，依次在身前撑地，右腿上摆，在空中两腿分开，然后依次落地。

注意事项：

1. 两手落地时候要在一条线上。
2. 注意要依次撑地，避免手腕受伤。
3. 摆腿速度要快，要不然翻不过去。
4. 注意两脚依次落地。
5. 熟练之后可以加上助跑，动作就完成得更轻松优美了。

◆侧手空翻

体操运动项目常见创伤及预防

体操项目对人体各项身体素质要求较高，也是运动创伤发生较多的项目，主要原因是由于体操的动作技术较复杂、较难掌握，而且大多是在器械上练习，一旦摔下就很容易受伤。另外，器械设备不合要求，保护与自我保护方法不当，未遵循教学训练的原则等，也是导致受伤的原因。以下是体操项目中常见的几种损伤：

1. 手的胼胝伤：不用护掌时最易发生，是摩擦所致。胼胝的产生是一种适应，训练中的摩擦都易引起皮肤胼胝撕裂，甚至续发感染，胼胝太厚

◆邹凯夺得单杠冠军

◆运动员摔倒

时应以温水泡手，再以带架刮脸刀刮薄，这样就不易撕裂。发生掌横纹裂伤时，切不可取屈指位用粘膏粘合，这样当再练时容易再撕裂了，而应将手指伸直固定1～2天，即可自愈。出现水泡时应将剥离的皮层剪除并消毒以防感染。预防胼胝最好的方法是用护掌。

2. 颈椎损伤：多发生在难度较大的各种下法动作中，因此在学习难度动作时，应该采用保险带，专人保护，垫子也应用足够的长度及厚度，其间应该紧密连接。在初练时，一定要有海绵坑或海绵槽。另外，在难度动作脱保时，教练员和运动员必须研究防伤措施。另外，运动员在练习时注意力必须集中，周围的人应保持安静。

3. 下法引起的损伤：下法时，常因落地姿势不正确或重心失去平衡，扭伤膝关节、踝关节，引起半月板、膝踝韧带损伤。落地时，双腿并拢可避免以上损伤。

另外，也应特别注意避免落地摔倒时单臂支撑，否则极易骨折和脱位，顺势侧滚翻是较好的防伤办法。

拓展思考

1. 你知道头手倒立的方法吗？
2. 你了解鱼跃前滚翻的几种练习方法吗？
3. 关于体操运动项目中的运动损伤及预防知识你了解多少？

体育赛场上科技世界

——体育与科技

与现代科技的紧密结合是当代体育最重要的特点，认为从事体育工作的人四肢发达、文化素质较低的偏见已逐步淡出。大家渐渐明白，体育科研是人体科学研究的一个部分，它在科技领域中的地位也逐日上升。

竞技体育运动成绩的不断提高与体育科研的成果是密切相关的。现代科学要求对人体运动做出合理化的解释，即人为什么能做各式各样的运动，它的内在机理是什么，怎样能使运动达到奥林匹克“更快、更高、更强”的要求，这一系列的问题对体育科研提出了很高的要求。

竞技体育比赛中决定胜负的因素主要包括：运动员的体能、力量、技术、心理、战术和临场状态，这些因素除了运动员本身的天赋和训练外，还要依靠科研人员应用现代化的仪器进行检测和人为调整。竞技体育比赛离不开科技已是当代体育界的共识，随着时代进步、科技发展，这一因素所占的比重将越来越大。一般来说，科学技术发达的国家，奥运会的成绩多数都名列前茅，金牌的获得已不再仅由运动员个人能力决定。这样的发展将给未来奥运带来怎样的前景，给人们留下了深层次的思考。

神奇的体育场馆——奥运场馆

体育场馆是进行运动训练、运动竞赛及身体锻炼的专业性场所。它是为了满足运动训练、运动竞赛及大众体育消费需要而专门修建的各类运动场所的总称。

◆雅典奥运场馆

体育场馆主要包括对社会公众开放并提供各类服务的体育场、体育馆、游泳馆，体育教学训练所需的田径棚、风雨操场、运动场及其他各类室内外场地，群众体育健身娱乐休闲活动所需的体育俱乐部、健身房、体操房和其他简易的健身娱乐场地等。

奥运场中的庞然大物——鸟巢

2008年奥运会在中国的北京顺利举办，圆了国人百年的奥运梦，并给世人留下了永久的美好回忆。除了在奥运赛场上打破的一个又一个纪录外，给人印象最深刻的应该是中国精心打造的奥运场馆。在奥运场馆的建设中，我们力求体现北京奥运会“科技奥运”的理念，尤其是国家体育场——鸟巢。坐落在北京北中轴线上的国家体育场，被人们亲切

◆鸟巢夜景

地称作“鸟巢”。它是奥运会建设工程中的第一号工程，也是标准最高、科技含量最高的工程，是北京奥运会的主体育场。提到“鸟巢”，首先要说一说建筑“鸟巢”所使用的 Q460 钢材，因为正是这 400 吨自主创新、具有自主知识产权的国产 Q460 钢材撑起了“鸟巢”的钢筋铁骨。

小知识——什么是 Q460 钢材？

说起 Q460 钢材，大多数人可能都不了解。“鸟巢”结构设计奇特新颖，而搭建它的钢结构的 Q460 也有很多独到之处：Q460 是一种低合金高强度钢，它在受力强度达到 460 兆帕时才会发生塑性变形，这个强度要比一般钢材大，因此生产难度很大。这是国内在建筑结构上首次使用 Q460 规格的钢材，而这次使用的钢板厚度达到 110 毫米，这是以前绝无仅有的，因为在国家标准中，Q460 的最大厚度也只是 100 毫米。以前这种钢一般从卢森堡、韩国、日本进口。为了给“鸟巢”提供“合身”的 Q460，从 2004 年 9 月开始，河南舞阳特种钢厂的科研人员开始了长达半年多的科技攻关，前后 3 次试制终于获得成功。也正因如此，在建设“鸟巢”使用的数万吨钢铁中没有使用 1 千克外国钢材，都是地地道道的“中国制造”。

奥运赛场中的“水美人”——水立方

◆水立方

国家游泳中心又被称为“水立方”（Water Cube），位于北京奥林匹克公园内，是北京为 2008 年夏季奥运会修建的主游泳馆，也是 2008 年北京奥运会标志性建筑物之一，与国家体育场（俗称鸟巢）分列于北京城市中轴线北端的两侧，共同形成相对完整的北京历史文化名城形象。膜结构建筑是 21 世纪最具代表性的一种全新的建筑形式，至今已成为大

跨度空间建筑的主要形式之一。它集建筑学、结构力学、精细化工、材料科学与计算机技术等为一体，建造出具有标志性的空间结构形式，它不仅体现出结构的力量美，还充分表现出建筑师的设想，享受大自然浪漫空间。

在2008年的奥运会建筑设计上，膜结构应用就得到完美的体现。“水立方”是世界上最大的膜结构工程，除了地面之外，外表都采用了膜结构——ETFE材料，蓝色的表面出乎意料的柔软但又很充实。

产生这种独特感觉的原因就是建筑外墙采用了一种叫做ETFE（四氟乙烯）的膜材料。据介绍，整个国家游泳中心外层膜结构数量达到了1437块。这种材料质地轻巧，只有一张牛皮纸的厚度，但强度却超乎想象，放上一辆汽车也不会压坏。而为防止顶层膜结构划伤，施工方还在膜结构表面铺设了很细的钢丝网，这样即便有鸟儿落在上面也不会对这些蓝色的“泡泡”造成损伤。

同时，这种膜材料还具有自洁功能，表面基本上不沾灰尘。即使沾上灰尘，自然降水也足以使之清洁如新。在节能方面，“水立方”也有独到之处。在总共8万平方米的建筑面积中，3万平方米的屋顶将使雨水的收集率达到100%，这些雨水量相当于100户居民一年的用水量。而在光的利用上，由于“水立方”采用了特殊的膜材料和相应的技术，使得场馆每天能够利用自然光的时间达到9.9个小时，一年下来，8万平方米的“水立方”将节约大量的电力资源。

考虑到场馆的节能标准，膜结构具有较强的隔热功能。另外，修补这种结构非常方便，比如，射枪或者是尖锐的东西戳进去后，监控的电脑会自动显现出来，如果破了一个洞，只需用不干胶一贴就行了。膜结构自身就具有排水和排污的功能以及去湿和防雾功能，尤其是防结露功能，对游泳运动尤其重要。

作为一个摹写水的建筑，水立方纷繁自由的结构形式，源自对规划体系巧妙而简单的变异，简洁纯净的体形谦虚地与宏伟的主场对话，不同气质的对比使各自的灵性得到趣味盎然的共生。椰树、沙滩、人造海浪……将奥林匹克的竞技场升华为世人心目中永远的水上乐园。

知识库

水立方设计者是谁?

“水立方”是由PTW建筑事务所的两名主设计师约翰·保林和托比·王共同设计的。

北京奥运场馆科技——材料篇

为了满足“鸟巢”设计、施工的特殊需要，我国自主研制了高强度的Q460E钢，打破了这种钢材依赖国外进口的历史；透水砖、木塑复合材料、外围保温材料等节能环保材料在北京奥运工程建设中也得到了广泛应用。这些建筑施工新技术和新材料在北京奥运工程中得到了联合应用，各尽所长，高效高质地实现了各场馆的设计理念。

透水砖

生态沙基透水砖是采用沙漠中的风积沙为原料，经过特殊工艺加工而成的一种新型生态环保材料，具有节能、节水、节地、节材等特点。一块6.6厘米见方的透水砖能吸收1.7千克的水分，雨水能直接渗到地下，补充地下水。透水砖已经在奥运村和其他一些奥运场馆的示范性工程中应用，开创了建筑材料史上的国际先例。

◆透水砖铺的路面

木塑复合材料和纳米改性涂料

优秀的特质在于对环境的保护作用和对资源的再生循环利用，可以在许多场合替代塑料和木材，这对木材资源缺乏的我国来说，具有重大的意义。奥林匹克森林公园通过在木平台、百叶窗、廊架、生态廊道、栏杆等处采用木塑复合材料，节省约390方原木材。

随着我国房地产业、汽车业和装饰装修行业的迅猛发展，室内空气污染问题变得日益严重。采用纳米复合催化净化材料技术（健康钛）开发生产出的纳米改性涂料，具有全面高效、快速祛除甲醛等有害物及抗菌防霉驱虫等功能，已经应用于国家体育场、国家游泳中心等。

纳米防护液在奥运工程中的应用

纳米防护液是一种采用纳米仿生学原理，含有特殊纳米结构物质的水溶性液体，涂覆在石材及玻璃品表面，能组装成具有荷叶表面结构的涂层，赋予表面防水、防油和防污的自洁效果，成功解决了国家体育馆玻璃幕墙和石材的清洁养护问题。

北京奥运场馆科技——场馆篇

北京工业大学体育馆钢结构创新设计

北京奥运会羽毛球、艺术体操比赛场馆——北京工业大学体育馆为大跨度的预应力弦支穹顶结构，跨度达93米。钢屋盖的弦支穹顶结构融入预应力体系，使得屋面竖向荷载转为拉力，能够承受设计载荷3.2倍的重量，从而以“轻”取胜，实现了造型与结构的完美统一。弦支穹顶结构体系是由单层球面网壳、撑杆及预应力拉索组成，其中各层撑杆的上端与单层网壳相对应的各层节点径向铰接，下端由径向拉索与单层网壳下一层节点连接，同一层的撑杆下端由环向索连在一起，使整个结构形成一个完整的闭合力系。体育馆的钢结构还迎合了羽毛球轻盈的特点，屋盖的平均用钢量在每平方米60千克左右，大大节约了用钢量。

◆北京工业大学体育馆

知识库——北京大学体育馆钢结构创新设计

◆北京大学体育馆

北京奥运会乒乓球比赛场馆——北京大学体育馆的钢屋盖为钢桁架结构，跨度为 64 米，檐口高 21.9 米。钢屋盖采用了自平衡的预应力桁架壳体，该壳体由 32 榀辐射桁架支撑在下部混凝土框架柱顶，辐射桁架内端通过标高为 26.3 米、直径为 26 米的菱形受压刚性环连接成整体，进而形成中央网壳的支撑结构。乒乓球运动对速度、力量、旋转有综合要求，体育馆屋面上两条钢屋脊旋转所形成的曲面，很好地诠释了乒乓球运动的真谛，而屋盖中央的玻璃球体也象征着乒乓球的形状。

老山自行车馆钢结构创新设计

老山自行车馆巨大的碟型屋顶为自行车赛车手头盔的抽象演绎，凌驾于南北贯穿的群房平台之上，气势恢弘，充分表现出体育建筑特有的性格特点和结构美感。体育馆建筑面积 33320 平方米，地上分 3 层，建筑高度为 33.80 米，赛时可容纳观众 6000 人。为满足椭圆形自行车赛道的要求，同时兼顾建筑功能，老山自行车馆的钢屋架采用了轻巧、合理的双层球面网壳结构，下面是人字钢柱支撑体系，钢柱脚通过可转动的铸钢球铰支座与混凝土柱顶相连。网壳加人字柱为典型的呼吸结构，即在温度变化时，结构可以自由地发生较大的温度变形，而不

◆老山自行车馆

产生温度应力，化解了大体量钢结构使用阶段最不易解决的问题。这样的钢结构形式极为少见。

拓展思考

1. 你知道鸟巢吗？
2. 你了解水立方吗？
3. 关于奥运会场馆科技知识你了解多少？

网球场内的“神秘法官”——鹰眼

◆快速接球

网球无疑已成为当下最受人喜欢的体育项目，每年一系列的网球比赛的举办更是吸引了世人的关注。随着世界优秀网球运动员的不断出现，网球比赛的水平也在逐步提升，比赛中网球的击球速度也越来越快，2004年网球运动员罗迪克就曾击出了249千米/小时的球。这样快的球，网球裁判员是如何判断以保证比赛的公平性的呢？答案是比赛场上的“神秘法官”——鹰眼。

鹰眼由哪几部分组成？

北京奥运会网球中心球场底线裁判员的身后，在墙壁上安装的一个摄像头，一直在墙壁槽内滑行。这个摄像头究竟是做什么用的呢？比赛中，场地大屏幕上不时就会显示球落点的慢镜头回放，这又是在干什么呢？是慢动作回放吗？答案是否定的。那个摄像头被人们亲切地称做“鹰眼”，学名是“即时回放系统”，它的出现克服了人类观察能力上存在的极限和盲区，帮助裁判做出精确公允的判断。这个系统由8个或者10个高速摄像头、四台电脑和大屏幕组成。首先，借助电脑的计算把比赛场地内的立体空间分隔成以毫米计算的测量单位；然后，

◆比赛中的鹰眼

利用高速摄像头从不同角度同时捕捉网球飞行轨迹的基本数据；再通过电脑计算，将这些数据生成三维图像；最后利用即时成像技术，由大屏幕清晰地呈现出网球的运动路线及落点。从数据采集到结果演示，这个过程所耗用的时间，不超过 10 秒钟。运动员每盘有三次用“鹰眼”的机会。如果“鹰眼”出现故障，无法使用时，以裁判员判罚为准。

你知道吗？——网球比赛中请求鹰眼有限制吗？

在网球比赛中，一盘比赛两次机会，如果挑战成功，两次机会保留，否则就去除一次机会；如果打到抢七，则各加一次。但是温网则是每盘有三次机会。

工作中的鹰眼

八台分辨率极高的快速黑白摄像机被安置在球场周围。球的位置：用软件对球场的各条边线进行校准，使得网球运行的轨迹被各台摄像机捕捉到后，能够通过画面呈现。采用 3D 技术来模拟网球，成像的依据是三台被架设在“边角位置”上的摄像机捕捉到的素材。影像生成过程：以 2000 帧/秒的速度从每台摄像机中索取影像，并传输给主控电脑。每帧画面经校准后，确定网球的运行路线，并且计算出球沿此轨迹运行的落地弹跳点，保证误差控制在 3 毫米以内。

◆鹰眼监看网球

◆鹰眼监看网球

其实鹰眼技术平时在电视转播工作中已被频繁应用。但因为使用鹰眼技术的价格昂贵，所以现在的比赛还是以线裁裁决为主，鹰眼技术只是在关键分上才会应用。正因为如此，选手们在每一盘皆有两次申请使用鹰眼的权利（如遇到抢七，还可以追加一次）。主裁在接受申请之后，会通过大屏幕播出“即时回放”来呈现鹰眼计算的结果。

小故事——波兰排球联赛首吃螃蟹运用鹰眼技术

波兰男排联赛2009赛季尝试借助电视重放来纠正裁判出现的失误，波兰也成为世界上第一个在排球联赛中利用这一技术的国家。

据了解，波兰男排主教练洛扎诺提出建议，在排球比赛中借助电视回放，纠正裁判员出现的一些不可避免的误判。对此，波兰很多排球运动员都表示支持，但是裁判员们却表示，这将给他们造成很大压力。

波兰排球联赛负责人波普克说：“我们已经决定在2009赛季中挑选两三场比赛，测试电视回放技术。”他说，国际排联和欧洲排联没有规定不允许在排球联赛中加入这种科技创新技术，波兰将成为首个推出这一技术的国家。

据了解，如果这项技术测试成功，波兰排协将建议在国际比赛中推广。

拓展思考

1. 你知道鹰眼由哪几部分组成吗？
2. 你了解鹰眼是怎么样工作的吗？
3. 关于排球比赛中利用鹰眼你了解多少？

赛场上的助力器——径赛场上的高科技

◆跑道

现代体育与传统体育相比，技术动作更加科学，战术水平更为先进，运动成绩大幅提高，竞赛更加出色激烈。其主要原因是体育工作者充分发挥自己的聪明才智，投入了大量的智力劳动，进行广泛的科学研究，把数学、物理学、仿生学、生物学、流体力学、美学、美术、音乐、舞蹈等知识，运用到田径等项目的技术动作设计上；把哲学、法学、心理学、经济学、政治学运用到运动项目的设计和竞赛的组织、编排、裁判和奖励中去，有力地推动了体育理论的发展，练习方法的改进，器材和设备的更新换代，使体育的科技含量大大增加，成为一门独立的科学。科学技术使体育从形式到内容都发生了质的改变。

跑道的密码

利用塑胶跑道改善和打破人类运动的纪录，是现代体育的一个经典。在人类体育史上，石块地、泥地、沙地、草地和煤渣地（跑道）等都是人们展现自己运动才能的基本环境和场地，但科技发展到今天，人类找到了更为优异的场地，比如聚氨酯塑胶跑道就是目前国际上公认的最佳运动地面。塑胶跑道厚度一般为13毫米，其优点是：弹性好、耐磨、防滑、色彩美观、场地清洁、易于维护管理、不受气候等条件影响。这种场地平坦均匀，可吸收震动，弹跳自如，运动员若跌跤还能减少受伤程度；并且，跑道平坦、不滑、有弹性，还有助于运动员释放生理体能，提高成绩。

知识窗

塑胶跑道的作用

在心理上，由于跑道色彩鲜艳美观，给运动员一种舒适感，可振奋精神、提高竞技水平。无数大型国际赛事表明，运动员100米短跑在聚氨酯跑道上要比在煤渣跑道上快0.2～1.03秒，而跳远成绩可提高20～30厘米。跑道将来的发展方向可能是关注运动员在训练和比赛时与跑道的相互作用，研发更加先进的材料，用来降低伤害发生率。

赛跑运动员的风火轮

刘易斯战靴

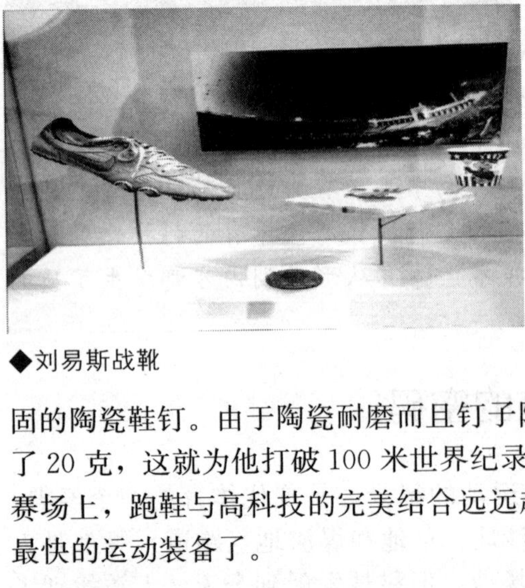

◆刘易斯战靴

利用科技手段改造运动鞋也是创造新纪录的有效手段。在1991年的东京田径世锦赛上，美国运动员刘易斯以9”86的成绩打破百米世界纪录，人们普遍认为他穿的跑鞋是重要的“功臣”。他那双鞋经过运动力学、医学专家和鞋匠的精心设计，只有115克重，鞋底镶着轻盈而坚固的陶瓷鞋钉。由于陶瓷耐磨而且钉子附近无任何黏附物，鞋的重量减轻了20克，这就为他打破100米世界纪录打下了坚实的物质基础。在奥运会赛场上，跑鞋与高科技的完美结合远远超过了泳衣，它已经成为更新换代最快的运动装备了。

小知识——美国男女飞人战靴

在2000年悉尼奥运会中，美国男女飞人迈克尔·约翰逊和玛丽安·琼斯分别穿上了耐克公司科研人员耗时3年制成的“金缕鞋”与“水晶鞋”。两款鞋重量轻、弹性强，大大提高了两人的竞技水平。

刘翔战靴

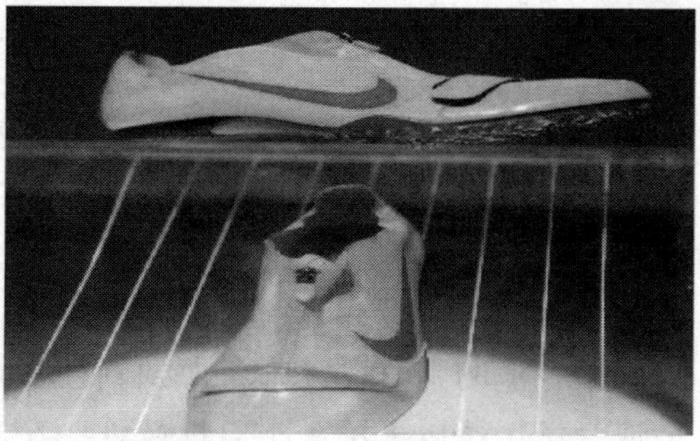
◆刘翔战靴

大家都知道刘翔是我国短跑运动员，得了许多奖牌和奖杯，为我们的国家增添了许多光彩。你知道刘翔为什么能跑得这么快吗？他的战靴功不可没。经过一年修改，单只的重量仅剩 214 克。作为专为刘翔量身定制的战靴，有着很多刘翔元素。刘翔爆发力好、落地有力，所以 NIKE 运用特制的碳纤底板制成坚实的前掌，借用刘翔落地时的力量，在落地后帮助脚很快弹起。而由于刘翔在跨栏落地时为前脚掌着地，后脚掌并不会落地，所以 NIKE 采用了前半底板为碳纤板的设计，而后底板则采用减震效果好的特质橡胶。为更多地保护刘翔的右脚，此款战靴在右鞋鞋面的后跟位置增加了发泡棉的设计，可以为刘翔更好地锁住脚踝。除了外观，这双鞋子从功能上更是

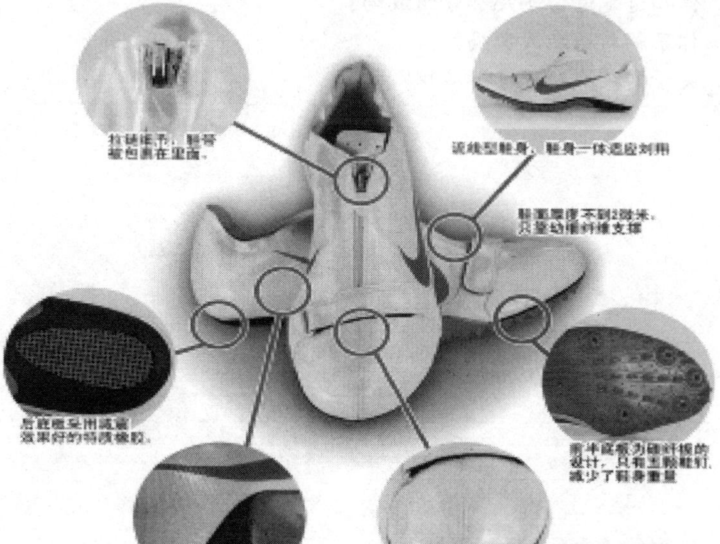
◆刘翔战靴图解

为刘翔度身定造，充分满足了刘翔作为一名跨栏运动员的训练要求，强调对前脚掌的支撑保护，因为跨栏选手在比赛中需要用前脚掌发力；提高了大脚趾的部分防滑性，以保证运动员在跨栏时不会发生滑动。鞋子内侧的耐磨性也较一般鞋款大大提高，防止鞋子在与地面发生强烈摩擦时造成损坏。刘翔还亲自参与了鞋子的设计讨论，他最喜欢的鞋底部分之一是前掌只有五颗鞋钉的设计，这样的设计减少了鞋身重量，并且可以增大抓地能力。最有趣的是，设计师考虑到刘翔在跨栏时，后面的脚可能会碰到栏架造成受伤，所以采用了不对称设计：左脚鞋面采用大面积镂空，提高鞋子的透气性；而右脚鞋面内侧依然使用了坚韧的皮革，来避免穿者的意外受伤。整双鞋内则使用了顶级减震技术。

拓展思考

1. 你知道跑道由哪几部分组成吗？
2. 你了解刘易斯战靴吗？
3. 关于刘翔战靴你了解多少？

科技铸就辉煌——撑杆跳高

◆撑杆跳

撑杆跳高是田径运动技术最复杂项目之一。运动员持杆助跑起跳后，借助撑杆的支撑，在撑杆上连续完成十多个复杂的动作，然后越过横杆。练习撑杆跳高是增强体质的有效手段之一，它对提高速度、弹跳力、灵巧和协调性等素质，对培养勇敢顽强、机敏果断等意志品质，都有积极的意义。撑杆跳高运动，深受体育爱好者的喜爱，每次比赛，往往吸引着成千上万的观众。

撑杆跳高运动员必须具备全面的身体素质、高超的技术和过人的勇气，才能跃过令人眩目的高度。撑杆跳高运动员使用的撑杆对运动成绩有着非常大的影响。撑杆跳用的撑杆起着传递力量、积蓄能量，使运动员越过一定高度的重大作用。而撑杆的弹性和长度，更是运动员能力发挥的关键。因此，对撑杆材质的研究成为体育科研人员研究的中心。

木、竹杆时代

◆早期撑木杆跳

早年欧洲的撑杆都是木制的，杆子下端装着一个三股铁叉。那个时候，撑杆跳高叫撑杆爬高。运动员把木杆插在地上，沿杆迅速向上爬，当杆子将要倾倒时，便越过横杆，故得名。爬杆跳高到 1890 年被禁止。1896 年第一届奥运会的撑杆跳高比赛中，美国选手霍伊特用木杆跃过 3.30 米，获得冠军。

竹杆代替木杆

◆竹杆

20 世纪初，人们发现竹杆既韧且轻又有弹性，是一种很好的撑杆跳高工具，于是就将它替代木杆运用到了正式比赛中。这一改革，大大提高了运动成绩。从 1912 年到 1941 年的 30 年间，共有 10 人 16 次利用竹杆创下了新的世界纪录。日本是竹资源丰富的国家，对竹杆的加工有着独特的工艺。凭着这点优势，日本撑杆跳高名将西田休平在 1932 年奇迹般地越过 4.3 米，以 1 厘米的优势险胜美国撑杆跳好手米勒。

金属杆

竹杆容易断的缺点，最终由更加结实的金属杆解决了。其实钢杆早在 1930 年就已有了，但并未普及。1952 年出现了铝合金杆。竹杆的弹性与金属杆的结实，使得 20 世纪中期这两种杆在一段时间内并存。1957 年，美国选手古托夫斯基以 4.78 米的金属杆成绩，打破了美国选手沃梅达用竹杆保持了 15 年的 4.77 米世界纪录。从那以后，正式比赛中，金属杆全面替代竹杆。因为抗弯性能好的金属杆在插入插穴时会产生很大的冲击力，要求运动员必须具有发达的上肢力量，因此新的撑杆跳纪录虽有刷新，但十分有限。

合成材料带来转机

1956 年，在墨尔本举办的第十六届奥运会的撑杆跳高比赛中，希腊撑杆跳运动员路巴尼斯使用了当时尚不多见的新型撑杆——尼龙撑杆，从此尼龙撑杆开始被广泛采用。随后，美国运动员尤尔赛斯用尼龙撑杆飞越了 4.89 米的高度，打破了“人的体力不能跳过 4.78 米”的极限说。此后撑杆跳高的水平突飞猛进，世界纪录不断刷新，美国运动员保持着这个项目的绝对优势。

玻璃纤维撑杆时代

◆运动员撑杆跳

玻璃纤维撑杆的出现真正使撑杆跳高纪录腾飞起来。20世纪50年代末期，玻璃纤维经过编织成圆筒后与有机树脂粘合再经过成形及高温定型，制造成的玻璃纤维复合杆，成为撑杆跳高运动员得心应手的武器。它可承受的强力大、弹性好、重量轻且经久耐用。这种撑杆在运动员助跑结束插入斜穴后，就变成了一个“能量转换器”，将水平方向助跑的动能，转换为纤维撑杆被压弯后的变形势能，当撑杆形变至最大幅度后这部分弹性变形能再释放出来，转变成运动员的势能，然后将运动员“弹”向空中，飞跃横杆。1960年，美国运动员用这种新武器一举飞过了4.98米的高度。1963年世界纪录又被刷新4次，共提高了0.26米。凭借这一技术优势，美国人始终占据绝对地位，垄断了从20世纪60年代到70年代20年的撑杆跳高项目的最好成绩。80年代，撑杆跳高的优势开始转向欧洲，前苏联的撑杆跳高运动员布勃卡打破了美国和法国运动员长期垄断的局面，产生了不小的轰动。1985年布勃卡使用这种玻璃纤维杆，在法国奥林匹克体育场一举突破6米大关，轰动了世界田坛，而后又数次打破纪录，为撑杆跳高的发展做出了巨大贡献。

小知识

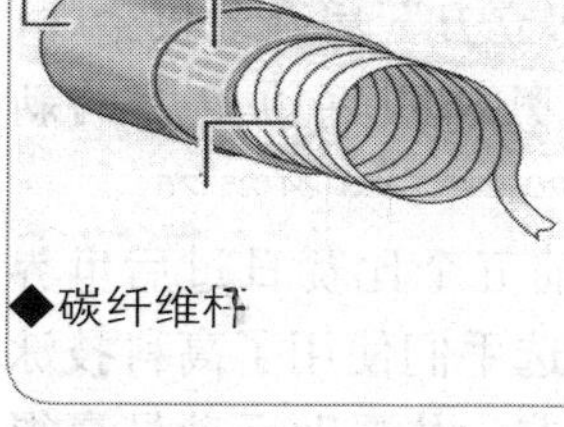
◆碳纤维杆

碳纤维的技术优势

现代撑杆跳使用的碳纤维撑杆分为三层：外层是高强力的碳纤维，保证撑杆既柔韧又结实；中间则是碳纤维质地的带状织物；里层是绷带状的玻璃纤维，以防撑竿断裂或扭结。

泳池中挥动着科技的翅膀——泳装的革命

◆泳衣是高科技产品

游泳运动发展到现在，已经不是一种简单纯粹的竞技较量，它还是一次高科技的比拼。这一点在泳装的发展上表现尤为明显。最初的泳装只是普通的泳装，一个小裁缝也能做出来。但现在，它是高科技的结晶，裁缝已经被电子工程师、生物学家和医学家所取代。

泳装的革命

鲨鱼皮泳装在悉尼奥运会上开始大出风头，有超过 130 个国家的游泳选手穿鲨鱼皮泳装参加了比赛，几乎近 80%获奖牌的选手都是穿着鲨鱼皮泳装得胜的，并且在所打破的 15 项世界纪录中，有 13 项是着鲨鱼皮泳装选手创造的。到了 2004 年雅典奥运会，第二代鲨鱼皮泳装又问世了。在 2007 年的 1 年时间里，鲨鱼皮第三代泳装协助世界各国运动员先后 21 次打破世界纪录。2008 年是菲尔普斯最风光的时候，Speedo 的 LZR 泳衣帮助他以 8 金的成绩永载奥运会史册。在本届奥运会上，美国泳坛名将菲尔普斯借超强的实力和第四代“鲨鱼皮”东风，在“水立方”勇夺 8 枚金牌，成为一届奥运会获得金牌最多的运动员，书写了奥林匹克历史上的新纪录。

在罗马游泳世锦赛上，世界纪录频频被破。在前五个比赛日过后世界纪录被破的次数已经达到了 29 次，而这一切都源于选手们使用了高科技泳衣。在本届世锦赛上最受欢迎的 Arean X—Glide 泳衣，共帮助运动员赢得

◆美国运动员比赛

了14金，13次世界纪录；本土作战的Jaked01共帮助选手赢得9金，刷新13次世界纪录。两款高科技泳衣，竟然帮助运动员打破了26次世界纪录！而相比之下，已经过时的Speedo尽管拥有菲尔普斯这样的超级巨星，却仅收获了6金，5次世界纪录。

在参加罗马世锦赛的运动员中，几乎99%的人都穿着高科技泳衣。不同的是，运动员们选择的泳衣品牌不同。由菲尔普斯代言的Speedo泳衣曾在北京奥运会上风光无限，但却在时隔不到1年的时间里迅速被超越。游泳比赛前3个比赛日的数据显示，在前11枚金牌中，只有获得女子4×100米自由泳冠军的荷兰队选择了Speedo泳衣，而更受欢迎的是Arena和Jaked生产的高科技泳衣。就连Speedo的长期合作伙伴美国队，在男子4×100米自由泳决赛中，也有两名美国选手放弃了Speedo泳衣，改穿Jaked泳衣。

2009年7月底，国际泳联颁布了对高科技泳衣的禁令，从2010年1月1日开始实施，这意味着世界泳坛的纪录刷新率将一改往前那种频繁得让世人震惊的场面，不管是世界纪录、亚洲纪录还是全国纪录，都将是实力派一决高下的真正较量。面对禁令，科技泳衣发展路在何方？

泳衣禁令下游泳运动的发展

针对国际泳联的最新规定，Speedo 基于之前 LZR Racer 泳衣的科技研发，将 50%的非渗透材质改为符合标准的纺织物，研发出了目前市面上有最高科技含量的专业泳装。Speedo 公司的高层表示，“我们新研发的产品里面不再有非渗透材质，绝对符合标准。”看来，不论国际泳联怎么改规则，泳衣厂商都能“上有政策，下有对策。”高科技的应运而生已经深入到社会生活的各个领域，推动了社会生产力的发展，带来了显著的社会经济效益，科学技术已经成为现代竞技的核心要素。关于“鲨鱼皮”的禁令能否延续，能否对游泳运动起到真正的促进作用，我们不得而知。针对国际泳联对“鲨鱼皮”制定的新规定，研发“鲨鱼皮”的泳衣巨头 Speedo 回应：Speedo 绝对不会退出高端科技泳衣市场，他们还在 2012 年伦敦奥运会前推出更新款又符合国际泳联新规定的高科技泳衣。正如 Speedo 中国市场部负责人刘佳接受信息时报记者采访时表示，“虽然对泳衣的要求有所改变，但不代表将来我们研发的泳衣就不如‘鲨鱼皮’，减少厚度其实并不会影响对提速的作用，科技是不断发展的，我们的泳衣也会越来越先进。”禁令的提出第一次把“科技兴体”的另一面展现在了全世界眼前。但是，科技发展步伐无人能挡，游泳不能全裸上阵，针对现有禁令还不能够完全达到限制泳衣科技含量的归零化。究竟新一轮的科技泳衣会变成什么模样，相信只有时间来证明，或许竞争已经开始了！

你知道吗？

有人认为不穿泳衣的裸泳会游得更快，因为一是少了泳衣的重量负担，二是没有了泳衣的阻力。然而实验证明，不穿泳衣的阻力比穿泳衣要大 9%，泳衣可以使身体变成流线型，阻力更小。

知 识 库

流线型泳衣工作原理

1950年，可以自由伸缩的尼龙泳衣风靡世界，而且泳衣的样式不断变化，其主要原因在于遵循了一个运动力学原理——物体越呈流线型，阻力越小，速度就越快。所以1976年，杜邦公司以阻力更小的聚氨酯纤维制作泳衣。

“LZR”泳衣问世

由于人类自身缺陷，难以完成完美的游泳动作——纵然是美国泳坛名将迈克尔·菲尔普斯，在泳池中也无法击败大白鲨，但Speedo公司的LZR泳衣却是能帮助我们实现像鱼儿一般畅游海洋梦想的最大利器。这套泳衣由Speedo公司同美国宇航局科学家一同设计，是世界上首件100%利用超声波粘合的泳衣，周身找不到一处接缝，因此也减少了部分阻力，打造出有史以来速度最快的泳衣，而浮力和光滑程度均达到前所未有的水平。据估计，LZR泳衣会让使用者在奖牌争夺战中增加2%至5%的优势，这足以影响胜负往往取决于分秒的冠军归属。

链 接

LZR 泳衣

LZR泳衣成功的关键在于腹股沟（groin）。腹股沟具有骨盆类型的坚硬结构，可以使运动员的身体处于最佳泳姿。这意味着不会有更多的臀部、腿部偏差，同时也不会因身体距离水底过近而引发疲惫感。竞争对手纷纷对LZR泳衣创新提出抗议，但他们又不能找到可与之匹敌的高科技产品。耐克甚至允许其赞助的游泳运动员在北京奥运会上身穿LZR泳衣。

拓展思考

1. 你知道鹰眼由哪几部分组成吗?
2. 你了解鹰眼是怎么样工作的吗?
3. 关于排球比赛中利用鹰眼你了解多少?

足球材料的革命——足球的学问

我国古人向来智慧聪颖，利用皮革加以简单缝制，并用毛发等松软的物品填充其内，就做出了最早的足球。颜师古《汉书注》云："鞠，以韦为之，中实以物，蹴蹋为戏乐也。"不过可以想象的是，这样的球踢起来固然不会疼，但由于其弹性有限，因而想将这种实心球踢出很远恐怕很困难，因此，在此方面加以改进就成为早期足球制造工艺最主要的一个演变方向。

早期的"蹴鞠"

到了唐代的时候，先人们已经想出了用气体取代毛发的方法。唐人徐坚在《初学记》里记载说："蹴鞠曰球戏，古用毛纠结为之，今用皮，以胞为里，嘘气闭而蹴之。"也就是说，当时人们已经开始用动物胞衣作为内胆，再用嘴吹气后将气口封上，而后用皮革制成外壳。

◆蹴鞠

唐代吹气足球

◆古代蹴鞠

选择气体作为球体内部的“填充物”，无疑再次展现了我国古人的聪明才智，不过用嘴吹的方法还有改良余地。因此到了宋代，开始出现了用气筒打气的球，并且足球制作工艺的改进还带来了足球运动的普及。

气筒打出来的足球

约同一时期，足球运动也在英国出现了。1863 年 10 月 26 日，英国人在伦敦皇后大街弗里马森旅馆成立了世界上第一个足球协会——英格兰足球协会。而后随着足球运动的不断普及与材料科学的进步，制球工艺进一步发展，但一直沿用皮革外层加上充气内胆的设计。当然，动物胞衣的内胆早就被舍弃而开始采用其他皮革材料制造。

材料科学介入足球工艺

第四届世界杯在因战争中断 12 年后得以重新举办。在巴西进行的这届世界杯上开始采用以小块皮革镶拼的足球，这种逐块拼接的制造工艺也被一直沿用到今天。

◆足球

小块皮镶拼的足球

1970 年墨西哥世界杯上首次引入了专用比赛球的概念，并由德国阿迪达斯公司提供了名为“通讯卫星”的特别设计的球。该球完全由

真皮制成，采用了32小块皮革，用手工缝制而成，并使用黑五角与白六角两种形状的图案和谐交替的外形设计，而这种外观设计上的改进也成为近几十年来足球制造的主要革新项目。

◆世界杯用球

舞蹈探戈是一种激情与优雅的完美结合，由探戈而得名的足球在设计上也力求突破。除了提高球对各种气候条件的适应能力之外，更重要的是在皮球的表面上把20个“三角阿迪达斯”形的嵌面相互连接形成12个大小相等的圆形。虽然这只是一个非科技性的改进，但此后的世界杯比赛用球表面几乎都保持了这样的设计，直到1998年。

知识库——西班牙探戈

1982年西班牙世界杯，阿迪达斯公司推出了“西班牙探戈”（TANGO ES2PANA）。这种足球尽管外观上并无创新，关键的革新在技术上：它仍由真皮制成，但采用了防水、密封的缝制，从而大大减弱了球的吸水性，最大程度上控制了球重的额外增加。保证了球在雨水天气中性能不会受到太大影响。

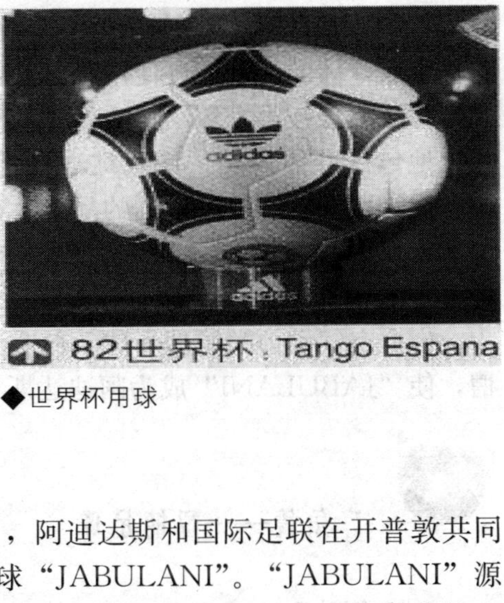

◆世界杯用球

飞火流星

“普天同庆”。2009年12月4日，阿迪达斯和国际足联在开普敦共同发布2010年南非世界杯官方比赛用球“JABULANI”。“JABULANI”源于非洲祖鲁语，意为“普天同庆”。新的比赛用球在技术上取得历史性突

◆普天同庆

破，设计上则融入了南非元素。

1. 设计

作为阿迪达斯的第 11 个世界杯比赛用球，“JABULANI”在设计中采用了 11 种不同的颜色。11 种颜色也代表着每支足球队由 11 名球员组成，同时寓意南非拥有 11 个部落和 11 种官方语言。南非是非洲大陆上拥有最多民族的国家之一，缤纷的色彩诠释了其多样化而又和谐统一的民族特点。白色球体上的四个三角形图案赋予“JABULANI”充满非洲精神的独特外观，而一些个性化的设计，如球面上酷似约翰内斯堡足球城体育场外形的花纹，则突显南非的美轮美奂。

2. 三维立体表皮

除了外观，2010 年南非世界杯比赛用球在技术上实现了历史性的突破：组成球体的八片表皮使用了 EVA 和 TPU 相结合的材质，并采用球形制模方式实现三维立体结构，仅用八块表皮就将足球拼接完成。从而可以完美地包住球体内胆，使足球达到前所未有的圆度，从而使得“普天同庆”成为了有史以来“最圆的足球”。

3. 空气动力凹槽（Aero grooves）

根据空气动力学原理，球面在适当的位置嵌入清晰可见的空气动力凹槽，使“JABULANI”成为阿迪达斯有史以来最稳定、最精准的足球。

广角镜——智能足球

2005 年 9 月 16 日至 10 月 2 日在秘鲁举行的 17 岁以下的足球世界杯赛中，采用了一种内置微芯片的足球——智能足球。这种微芯片足球由阿迪达斯公司参与研制，当足球越过球门线时，微芯片会向裁判手腕上的一个类似于表的装置发射出信号，该装置则不停地发出“嘟嘟”声，或者不停地振动，以此表明是否进球。

◆智能足球

知识库——团队之星

“团队之星”区别于历史上任何一只足球——球面拼块从 32 块（12 块五角形和 20 块六角形）减少到 14 块，拼块的减少使得足球更趋向于完美的球体。最大程度地消除了球体表面不规则的凹凸。当足球球体越接近完美圆形时，它在飞行中的表现就越稳定、精准度越高，球员对足球飞行预判性也就越强。“团队之星”新型的异形拼块设计和无缝压合技术使足球能更好地转移踢球者的力量，并且能够有效增加飞行的精确度。

◆2006 年德国世界杯专用比赛球“团队之星”

穿上聪明球衣

在未来球场上，运动员一穿上带电极和发射器装置的“聪明球衣”，各种记录工作就开始了。比如球员的骨骼和牙齿的健康状况、眼睛的活动能力以及血样和尿样，都会被记录下来。这个“聪明球衣”还能通过与电脑连接，为每名队员打分：8 到 10 分用蓝色表示，说明这名队员处于最佳状态，绿色说明他的状态还可以，橙色说明必须仔细监测这名队员，而红色说明他不能参加比赛。

高科技球鞋应能为球员的脚后跟提供足够的支撑，并且整只鞋的重量应低于 200 克，鞋钉的设计也要更新。此外，一种鞋面带有软塑料小刺的足球鞋，可以保证球鞋与足球接触时产生更大的摩擦，使球员更容易控制球。

小知识——裁判可以更公正

裁判误判一直是困扰球场的一个问题。足球越过球门线后又被弹了回来。这种瞬间发生的事情的确令裁判头疼，因为上述过程只有 18 毫秒。对此，塞纳尔教授提出了“三大法宝”。

一是芯片足球。这种足球内部重约 15 克的无线发射器可同时和足球场边安装在电灯杆上的 12 条天线保持联络。这些天线以每秒钟 200 次的频率分析输入的无线信号，再用光纤传输到中央计算机，这将避免一些误判。如果球没进，电脑还可报出这次射门偏离门柱多少厘米。

二是裁判可佩戴特殊的手表。这种手表的表盘上下配有两种秒表。比赛中断时，上面的秒表停止计时，下面的秒表则持续运转，裁判员可通过上、下秒表的时间差估算补时时间。

三是感应边旗。这种边旗上安置了电钮，并通过无线电与主裁判的手表相连，只要助理裁判边旗举起，主裁判的手表就会产生振动。

拓展思考

1. 你了解早期的足球是怎样制成的吗?
2. 你了解现代足球的制作工艺吗?
3. 关于未来的足球方面的科技知识你了解多少?

小小胶皮有乾坤——乒乓球拍的奥妙

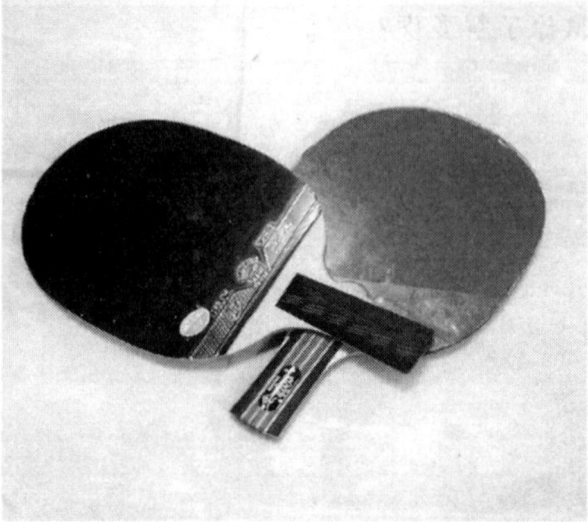
◆乒乓球拍

乒乓球，被称为中国“国球”。是一种世界流行的球类体育项目。它的英语官方名称是“table tennis”，意即“桌上网球”。乒乓球一名起源自 1900 年，因其打击时发出“Ping Pong”的声音而得名，在中国就以“乒乓球”作为它的官方名称，香港及澳门等地区亦同时使用。然而，台湾和日本则称为桌球，意指球桌上的球类运动。

乒乓球拍是在乒乓球运动中使用的唯一器材，乒乓球拍现在由底板、胶皮、海绵 3 部分组成。在 20 世纪 30～40 年代人们使用的球拍还是光光的木头板，如同现在板羽球（三毛球）的拍子。一段时间后，纯木制的球拍出现了，球拍表面粘着各种增加摩擦力的布，这使得乒乓球运动有了很大的发展，从而使娱乐活动变成了一项体育运动。就好象两人在桌子上打网球，所以乒乓球的英文名字就叫“table tennis”。

纯木球拍的出现

1926 年到 1951 年的 25 年间，是欧洲乒乓球技术的全盛时期，经历了由木板拍变胶皮拍的一段较长的时间。

20 世纪 50 年代初，有人开始在球拍表面蒙上一层胶皮，这既利用胶皮增强了球拍的弹性又延长了球与球拍的接触时间，从而增加球的受力时间，以打出更快、更有力的球。后来，又有人把蒙皮的表面制成颗粒状，以增大摩擦，加强球的旋转。球拍的进化给乒乓球技术发展带来空前契

机，拉球和削球等控制球的战术应运而生。

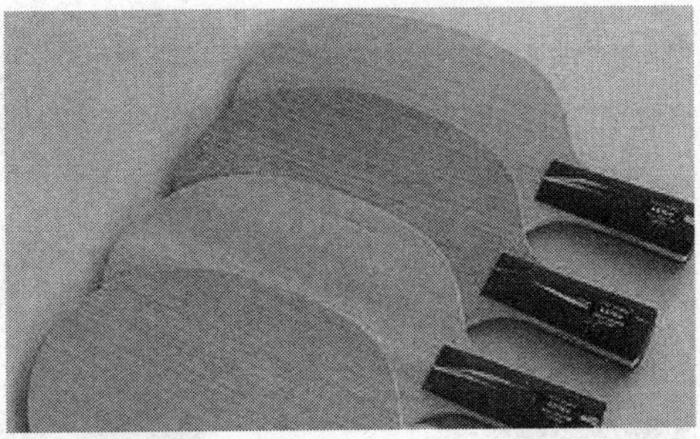

◆纯木球拍

胶皮拍的出现，增加了拍和球之间的摩擦力，使球的旋转强度加大，旋转性能增加。在这一演变过程中世界乒坛逐渐形成了欧洲横板左右开弓和横板削球的打法。欧洲的运动员曾利用这些打法夺得了从1926年到1951年的18届世乒赛7个项目117个冠军中的109个。

小知识——小小胶皮有乾坤

◆陈剑比赛中采用海绵球拍

乒乓球成为竞技体育项目后，其器材也从自由创造时代发展到选择器材时代。20世纪50年代，日本发明了海绵。这种海绵原本是放在飞机油箱上防弹用的，后来应用到球拍上。由于用了海绵，乒乓球出现了旋转，也加快了球的速度。

1952年，日本选手佐藤博治第一次拿着一块厚海绵拍，采用长抽打法，在印度举办的第19届世乒赛中夺得男子单打冠军，从此世界乒坛进入了海绵拍时代。

海绵拍的时代

使用海绵后不久，日本人又造出了弹性很高的橡胶，于是用一层海绵外加一层橡胶粘在球拍上成为了主流（其中分为正胶和反胶）。

先是出现了在海绵拍上贴一块正胶粒的球拍。这种球拍有海绵拍弹性

◆海绵拍

大的特点。由于正胶粒摩擦系数大于海绵块平面的，保证了近距离站位的近台快攻打法的命中率。

1959 年中国选手容国团就是拿着正贴海绵胶粒球拍，为祖国赢得了第 25 届世乒赛的男单冠军。50 年代末期，世界乒坛出现了黏性特大的反胶海绵拍。

橡胶和海绵的完美结合

◆魔性胶皮

正胶海绵也叫“短颗粒胶皮”，其特点是弹性好、速度快、击球稳、不吃转，适合近台快攻，尤其是左推右攻型打法，是直板快攻型选手最常用的胶皮类型之一，过去庄则栋、李富荣、江嘉良、谢赛克等一大批世界冠军都采用正胶海绵直拍。当今世界冠军刘国梁也是采用这种类型胶皮。如果你觉得自己手腕动作灵活，而大臂和腰腹力量不够，那最好选择以速度制胜的正胶球拍。

目前国际市场上还有一种介于短颗粒与长颗粒之间的中颗粒胶皮，有不旋攻击的奇特效果，对手攻来的强烈抽球或下旋球，这种胶皮压根儿就不怕，回过去都是不旋球，而且飘忽，让对手使不上劲。它被人称作“魔性胶皮”。

正　胶

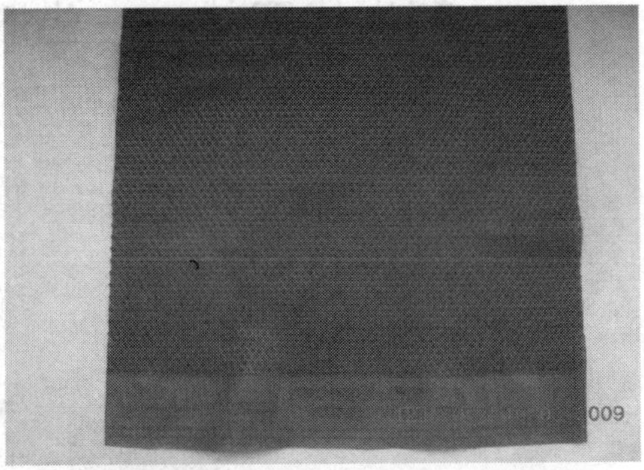

◆蝴蝶牌正胶

其特点是击球旋转力强、击球稳定、易控制，适合弧圈型或弧圈结合快攻型打法。由于击球稳定，控制球好，因此也是初学者首选的类型。对于专业选手而言，又有多种不同性能的反胶海绵拍供选择，如胶皮黏性强、配套的海绵软而厚，因而有很好的“咬”球及“裹”球特性。反胶海绵胶皮是直、横拍选手目前最常用的胶皮，几乎100%的欧洲选手均采用此种胶皮，亚洲选手也有近80%选手使用。因为这种胶皮比较好地兼顾了速度与旋转的要求。

目前国际超一流选手中，绝大部分都使用反胶胶皮。如弧圈结合快攻打法的瓦尔德内尔、佩尔森、塞弗、马文革、王楠等，快攻结合弧圈打法的盖亭、王涛、孔令辉、邓亚萍、李菊等，直握拍的马琳、阎森、冯哲等，他们都是清一色的使用正面或两面均为反胶胶皮的球拍。

反　胶

◆红双喜反胶横拍

随着器材发展，技术也得到飞速发展。1959年，国际乒联在器材上作了有关规定，禁止单纯使用海绵，并且规定海绵的厚度不能超过40毫米。随着这些规则的出台，宣告了运动员自由创造器材的时代结束，进入了选择运动器材的时代，各个器材厂纷纷推出各种型号的器材供运动员选择。1967年出现的高性能软胶，至今仍广泛使用。欧洲运动员在这种高性能软胶上使用了粘接剂，使球的速度和旋转又提高了一个档次。

新生代双雄——生胶球拍和防弧球拍

◆红双喜横拍双面生胶

◆防弧球拍

乒乓球拍经过几十年的变化、革新，目前在繁多的球拍种类中又派生出两个分支，即生胶球拍和防弧球拍。

所谓“生胶球拍”，是指用一块生胶正贴于海绵片上，使用起来既有生胶海绵拍的速度快的优点，又有近似于长胶球拍挡球产生“下沉”的效果。

所谓“防弧球拍”，就是用一块较光滑、硬度较大的反胶粒（专门研制的防弧胶粒）贴在一块很软、弹力很差的海绵片上（专门研制的防弧海绵），对付强烈的弧圈球，起到“缓冲”的作用，减少“吃”上旋球，能有效地与拉弧圈的人周旋。

20 世纪 80 年代末以来，乒乓球拍的演变已不局限于覆盖物的变革，科研人员已经把目光盯在球拍底板的材料和形状上来。材料越选越科学，使球拍变得又轻又有弹力还能“吃”住球。拍型除了原来的欧洲横板型、中国直板型（呈椭圆形）和日本直板型（呈长方形）之外，又出现了歪把横拍和形似壶铃的球拍；也有改动拍柄而形成直拍横打的握拍法。近些年来，碳纤维越来越多地应用于生产乒乓球拍底板上，使其高强化、轻量化、智能化。

拓展思考

1. 你知道乒乓球纯木球拍吗？
2. 你了解正胶里面的学问吗？
3. 关于生胶球拍和防弧球拍你了解多少？

自行车也有高科技——自行车的革命

◆老式自行车

在1791年夏季的一天，路易十六王宫的大草坪上聚集了许多男士和女士。突然，传来一阵“得得”声，并伴着很响的“轧轧”声，瞬间，人们看到一位名叫孔特·德·希拉克的男士狂奔着从槌球场中间穿过。不过，希拉克不是像普通人那样地奔跑，而是坐在一只奇怪的装着轮子的“木马”上，两只脚以奔跑的动作蹬踏着地面。当希拉克到达草坪的尽头时，他转过“木马”又跑了回来。人们为希拉克的“滚动木马”所轰动和吸引，称之为“快行脚”，真正的自行车历史由此开始。

自行车的历史

◆第一届现代奥运会上自行车比赛公路赛冠军得主

在最初的奥运会比赛中，运动员用的是普通自行车。1896年第一届奥运会上，自行车100千米比赛中，法国的弗拉明一路领先，当他发现希腊选手科列蒂斯因车子坏了而停下时，他也随即下车，协助后者将车修好后才继续前进，而且最终获得了冠军。这种高尚的运动员风度，被观众传为佳话。还有一名希腊选手撞坏了自行车，他借用了一个观众的自行车继续比赛，并最终获得了冠军。现在，奥运选手所使用的车与用以代步的自行车有极大的分别。

轶闻趣事——冠军与黄蜂

1960年第十七届奥运会在意大利罗马举行，在公路自行车团体赛上发生了一件有趣的事情。当时比赛正在紧张的进行中，争夺十分激烈，临近终点时，仍有3位车手并驾齐驱。就在三人为终点冲刺奋力一搏之时，其中一名来自意大利的运动员巴依雷蒂却遇到了一件麻烦事，他的右腿忽然被一只黄蜂蜇了一下。这一突如其来的"亲密接触"令巴依雷蒂疼痛难忍，情急之下他不得不拼命蹬车向终点冲去，想赶快骑到终点打死黄蜂。这么一来，他却"轻松"地甩掉了两个对手，首先到达终点，然后才把黄蜂拍死。有人对他说："你能夺得冠军多亏了黄蜂的帮助啊!"巴依雷蒂想想也对，于是就把已经丢在地上的黄蜂拣起来，注视了半天，还激动得流下了眼泪。后来，为了纪念这只给他带来好运的黄蜂，巴依雷蒂特地做了一只精美的木匣安放黄蜂，并与金牌一起保存。

◆第十七届奥运会公路自行车赛：冠军与黄蜂

名人介绍：保拉·佩佐

保拉·佩佐在1996年的亚特兰大奥运会上获首枚奥运会女子山地车比赛金

◆奥运冠军：保拉·佩佐

牌，所用车辆是采用“OCLV”技术的“Gary Fisher Pro－Caliber”，它具有简单的椭圆“Y”型合金管。

1993年，在山地自行车运动创立20年、世锦赛举行6年后，山地自行车运动第一次被列为奥运会正式比赛项目。来自意大利的自行车运动员保拉·佩佐在1993年获得世锦赛冠军，因此在1996年美国亚特兰大奥运会上，被认为是夺冠的热门。在比赛中遇到一个发夹弯时，佩佐从自行车上跌落下来，扭伤了膝盖，但她仍然坚持比赛，并很快赶上领先运动员。在11千米处的一个上坡路段超过其他运动员，取得领先，最终以1分7秒的优势夺冠。2000年悉尼奥运会上，佩佐在第四圈超过其他运动员，并最终获胜，夺取个人第二枚奥运金牌。

新材料自行车

◆亚特兰大奥运会美国自行车队

亚特兰大奥运会上，美国自行车队所配备的赛车是一款新设计的、更加符合空气动力学原理的新型车。这种新式自行车用特殊的碳纤维制作骨架，重量仅7.4千克。外形上它前部窄、纵剖面窄，轴距也比老式赛车短了5厘米，轮与车胎结合十分密合平滑，几乎看不见结合缝。更加神奇的是它所有螺母和螺栓都隐藏在车身内，以减少突起造成的空气阻力。经科学测算，这种赛车可以在4000米比赛中提高2～3秒成绩。

亚特兰大奥运会上，美国自行车队的骑手们骑着这种包含了最新材料科技加空气动力学科技的坐骑大出风头，夺取了金牌。

轶闻趣事——科技的比拼

◆自行车——江永华获雅典奥运会女子500米计时赛银牌

在雅典奥运会场地自行车女子500米计时赛决赛中，中国选手江永华表现出色，骑出了34秒112的好成绩，同时也刷新了本项目的奥运会纪录。然而，最后出场的澳大利亚选手米尔斯，凭借更为出色的发挥，以33秒952的成绩再次打破了江永华刚刚创造的奥运会纪录，最终摘得金牌。0.84秒，这短得几乎不能分辨的时间决定了运动员最终成绩。为了与时间赛跑，各国纷纷设计、制造高科技的冠军坐骑。目前最流行的制造自行车的轻型材料是钛金属，钛金属重量轻，结实耐用，最早用于航天工业，用它制成的自行车重量可以控制在10千克以下。当然，这些蕴涵着高科技成分的坐骑们身价不菲，职业车手使用的自行车每辆成本往往需要3000～4000美元。近年来，为了制造出更加科学、更加符合空气动力学原理的赛车，各个国家均投入了大量的力量，甚至使用了风洞这种在飞机制造、航天飞船制造中应用的高技术手段。

名人介绍——阿姆斯特朗

阿姆斯特朗，1992年开始职业自行车生涯，1999年世界排名第七，并于当年代表美国的邮政车队获得环法大赛的车手总成绩冠军。之后直到2003年，他又连续五次夺冠，平了西班牙车手安杜兰等创造的环法五连冠纪录。2004年，阿姆斯特朗再次夺得环法车手总冠军，成为环法历史上首位连续六次夺冠的车

◆环法英雄阿姆斯特朗

手。2005 年，阿姆斯特朗第十次参加环法大赛，从第四赛段就穿上了黄色领骑衫，为连续第七次夺取车手总冠军奠定了基础。7 月 24 日，阿姆斯特朗成功实现环法车手七连冠，再次创造了环法历史上的奇迹。阿姆斯特朗在 1996 年 10 月参加世界顶级公路赛时被诊断出患了睾丸癌，癌变扩散到了身体内，连医生对其康复都不抱希望。但经过 12 个星期的化疗和一年多的停赛休养，阿姆斯特朗于 1998 年 2 月康复，并在其后创造了环法大赛七连冠的奇迹，被人们称为“环法英雄”。其战车包括 OCLV 碳纤维技术的 5200 自行车、OCLV 碳纤维技术的“TTX”计时赛车和 Madone SSLx 赛车等。

Colnago for Ferrari 自行车

◆Colnago for Ferrari 自行车

Colnago for Ferrari 自行车为意大利著名汽车公司法拉利公司所设计。它基于 Colnago Extreme Power 车架，完全由碳纤维制作并由接管连接而成。法拉利 60 周年纪念款车采用了法拉利经典的红色，车架上有意大利传统的三色国旗，象征着生产商梅花（Colnago）和法拉利（Ferrari）是意大利设计中的领导者。前叉采用了 Carbon Star 的碳纤维设计，具有良好的可靠性与安全性。

小知识——自行车上的特殊装备

VIA 运动眼镜耐冲击，采用高级工程记忆树脂，不易断裂，100%有效抗紫

外线，避免运动中风沙等伤害眼睛，可降低眩光，使视野更清晰。镜片采用高强度聚碳酸脂制作，具有超轻、超薄、抗强冲击的安全保护特点。可有效防止剧烈运动时受外力撞击造成镜片碎裂而使眼睛受到伤害。镜框采用超轻材料或高级工程塑胶材料制作，具有耐冲击、高弹性、不断裂、质轻等特点。结构按人体工程学原理精心设计，具有佩带舒适美观、降低风阻的作用。

◆骑行鞋

由科罗拉多州的 BOUIDER 运动医学中心“ANDY PRUITT”博士实验室与 SPECIALIZED 共同研究了五年后所设计出的一系列“BG”（人体几何）的鞋子、手套、座垫、骑行服等。骑行鞋可以让踩踏变得更轻松、平顺，角度更好，可以减少膝盖疼痛和发生紧张情况，还可以增加车手在竞赛中的持久力。

◆运动眼镜

“BODY GEOMETRY”座垫按照车手尺码来选择大小，以保证不同身材的人都可以选择最适合的座垫，同时通过人体工学测试证明它可以减少在骑行过程中的疼痛、麻木、软组织伤害等问题。

“BG”设计的手套可以减少长时间骑行造成的手指神经麻木，与不带手套相比减缓指神经压迫可达 60%。重量只有 190 克的超轻 2D 头盔同样也是 SPECIALIZED 产品线的一个骄傲，众多车队选择使用它已经足以证明其优越，超轻并不代表它不结实。它拥有碳素内架骨，一可以增加头盔强度，二可以减少重量，增加头盔镂空洞面积，使佩戴更加舒适。

多数超级英雄的头盔是为了掩饰自己的身份，可是运动员们要在运动场上扬名立万，掩饰身份的头盔在这里找不到市场。运动员的头盔多数是为了保护头部，拳击、曲棍球、棒球等运动都是如此。而说到科技含量，也许很少有比自行车运动员的头盔更有科技含量的了。

在高速运动中，空气顺着头盔刻线的方向流动，在脑后形成一个漩涡，这样就不会减慢速度。航空头盔可使空气在头上流过的阻力减到最低程度。美国空气动力学家杰克·兰比通过计算后发现，赛跑运动员穿上设计科学的紧身衣可以减小空气阻力的6%，而自行车运动员在装备了“紧身衣＋弹性纤维鞋罩＋航空头盔”之后，能够减小空气阻力的8%。

◆自行车运动员手套

◆自行车运动员头盔

超酷的赛车——“卡丁车”运动

◆卡丁车比赛

卡丁车运动是汽车运动中的一个特殊类别，它不仅作为汽车场地竞赛的一个项目，同时也是一个大众休闲、健身娱乐的项目。卡丁车的结构简单，使用轻钢管车架，组装成4轮单座位微型赛车，操纵简便，无车体外壳，在专门修建的运动场地内的环型曲折道路上行驶。“卡丁”（karting）是一项刺激的、很有魅力的运动，安装初级发动机的车辆，最高时速大约是100千米，而安装高级竞赛发动机的车辆能达到160千米以上的时速。

驾驶卡丁车不仅可以给驾驶者带来身体上、视觉上的高度刺激和乐趣，还是对青少年实施技能教育，培养他们不畏艰苦及挫折而勇于拼搏的精神和良好的心理素质、自觉遵守纪律和各项法规、树立良好道德观念、普及汽车驾驶技术、汽车基础理论知识和机械常识、提高动手能力的好课堂。

卡丁车联合会

1997年10月，国际汽车联合会根据全世界卡丁车运动的发展状况，经代表大会表决一致同意将国际汽车联合会卡丁车委员会更名对世界卡丁车联合会。国际汽车联合会卡丁车委员会自成立以来，在全世界已颁发了7万多张赛手执照，每年要举办上万次各类比赛，列入国际赛事年历的比赛有150余项，全世界的优秀选手每年要参加15次卡丁车委员会组织的世

◆卡丁车比赛

界锦标赛，对世界汽车运动的发展起到了相当大的推动作用。由于卡丁车是世界方程式赛车的最初级形式，经过年复一年的努力，卡丁车运动结出了丰硕的果实，已有数十名卡丁车赛手进入了世界方程式赛车赛手的行列。在这个阶段中，几乎所有的一级方程式赛手都是来自卡丁车赛手的队伍，有些已成为世界冠军，像著名的巴西车手埃尔顿·塞纳、法国车手阿兰·普罗斯特、英国车手尼盖尔·曼塞尔、德国车手迈克尔·舒马赫等，因此卡丁车运动被誉为是一级方程式赛车车手的摇篮。

卡丁车的结构

◆卡丁车结构图

卡丁车结构十分简单，由钢管式车架、转向系统脚蹬、油箱、传动链护罩、车手座位和防撞保险杠等组成。

卡丁车的级别

现代卡丁车分为娱乐型和竞赛型两种：

娱乐型的卡丁车多采用工作容积在 200 毫升以下的小型四冲程或 100 毫升以下的小型二冲程汽油发动机作为动力，其行驶速度在 60 千米/小时以下，为初学者和以休闲为目的的娱乐者最好的运动器械。

竞赛型卡丁车分为两大类共 12 个级别：

◆卡丁车比赛

◆卡丁车比赛

方程式卡丁车：超A级、A级、C级和E级方程式四个级别；

标准卡丁车：国际A级、国际A级少年组、国际C级、国际E级和普及级。

广角镜：卡丁车手遵守的安全规定

◆卡丁车手比赛中

◆卡丁车比赛

车手必须带头盔，系紧头盔皮带。长发必须压在头盔内。

注意左脚蹬是刹车，右脚蹬是油门。左脚不要一直压在脚蹬上，以免磨坏刹车片，右脚加油不要过猛。

没有把握，不要强行超车。

服从场地工作人员的指挥，不得逆向行驶。

若在赛道上发动机熄火，则举手示意，请工作人员协助。

结束行驶时举手示意，进入停车区。

卡丁车赛道的规定

◆卡丁车比赛跑道

室内卡丁车赛道：长至少600米，宽至少6米。

室外卡丁车赛道：无变速箱卡丁车用：长最多1500米，宽至少8米，直线段最多170米；变速箱卡丁车用：长最多2500米，宽至少8米，直线段长度不限。

强身健体的物质基础

——体育与营养

人们常说："生命在于运动。"营养的吸收关键也是在于身体的运动，包括体内器官的运动和肌体活动。体育运动主要是指肌体活动，肌体通过某种锻炼的形式而运动。运动有助骨骼生长和营养的吸收。在饮食的过程中，考虑主副食粗细搭配，保证足够的乳类和豆制品，钙质的充足供应等。运动有助血液循环，并对骨骼产生一种机械的刺激作用，使骨组织在运动中吸收足够的钙、维生素 D、磷、碘和锌等营养元素，使身高随骨骼的成长而增长。营养元素在体内停留时间过长愈容易消耗，适当的体育锻炼能使营养吸收更完全，使你的骨骼强壮、身高增加。在运动中怎样补充营养呢？怎样处理运动与营养的关系呢？接下来本篇将一一道来。

特殊的关系——运动与营养的关系

营养和运动是维持和促进人体健康的两个重要方面。任何形式的人体运动都是以能量消耗为基础的。当人体进行运动需要增加能量消耗时，体内能量的动员就会加快。

事实上，人体不仅运动时需要能量，即便在安静时也需要能量维持体温、心跳、呼吸等各项基本生命活动。合理的营养提供运动适宜的能源物质，有助于剧烈运动后的恢复，可减轻运动性疲劳的程度或延缓其发生。合理营养有助于解决运动训练中的一些特殊医学问题，如减体重。生长发育时期的运动员、妇女、老年人、患有不同疾病的人参加体育运动时，均面临着不同的生理问题，需要特殊的营养调控，以保证练习效果及身体健康。

如果说运动就是建筑的方法过程，科学的运动等于是好的建筑方法，而营养就是建筑材料，营养好等于是有好的建筑材料。

运动和营养的关系密切，对一般人群来说，均衡的营养和适度的运动是维持身体健康的两大要素。

运动与营养的平衡

运动与营养是什么关系呢？运动就是要消耗身体的物质，营养是补充养分。运动要适当，营养也要适当，二者应保持动态的平衡。

如何保持平衡？提起科学运动与合理营养，专家们喜欢用量化的方式解释。例如，运动者体重多少，身体负荷如何，运动时消耗了多少大卡的热量，都消耗了身体什么物质，应该补充哪些物质，补充多少，这些物质的功能如何等等。其实，这些“知识”对于工作繁忙的人，对于生活还不怎么富足的老百姓，实用价值并不大。因为，这些人群很难有钱、有闲去处理这些“复杂”的问题。

对于营养的补充，应该学习有些国家的经验，即每周至少摄入 50 种食品，油、盐、面粉、大米、苹果等都各算一种，其核心思想是食品的多样性。

对于运动，应适当运动。这里的适当运动是指能够持续地、中等强度活动 30 分钟，且第二天能够完全恢复。

对于平衡，每天称一称体重，稳定的体重是平衡的重要标志。

◆运动与营养的平衡是强壮的基础

合理营养的重要性

◆儿童文明病

人类为了维持生命与健康，必须每天从食物中获取人体所必需的各种营养物质。以往许多人往往看重营养不良的危害，认为营养不足可致体弱多病，会影响人体健康；相反对营养过度及营养不平衡的危害却认识不足。举个简单的例子，以往人们往往认为肥胖是福相、富贵体型，是营养好的象征和健康的标志，而实际上肥胖是热量摄入过多导致的营养不平衡的结果。肥胖有许多危害，使活动能力减弱自不必说，还与高血压、高血脂、冠心病等心血管疾病以及糖尿病的发生有密切关系。因此，营养要讲究合理摄入，也就是每日由食物摄入营养物质要适度，既不能缺乏，也不能过度。缺则不能满足机体生理活动的需要，严重时可引起机体生理机能的改变和生化活动异常，甚至发生机体形态结构的异常，影响人体健康；过了也会引起机体异常改变，或体内积聚过多，或干扰其他营养物质的利用，使代谢异常，有时甚至可产生中毒现象，而这对人体的危害也绝不能低估。近年来被人们称为“现代文明病”的疾病，其中包括癌症在内，就同营养过剩或营养不平衡有关。这已引起越来越多人的重视。总之，合理

的营养能促进机体的正常生理活动，改善机体的健康状况，增强机体的抗病能力，提高免疫力。

小知识——运动营养与免疫

运动免疫学在近10年来已经取得了可喜的进展，并推动了体育科学的进步。从目前已有的研究结果分析，免疫功能状态与运动、营养存在着某种内在的联系，能够认识运动、营养和免疫的相互关系是很有价值的。许多调查研究发现，运动员中普遍存在膳食不平衡的现象，这与膳食对于竞技运动的重要作用相矛盾，这种状况不仅影响训练效果和运动后的恢复，而且最终影响运动能力的提高。运动员的合理膳食有助于提高运动能力和运动后的恢复，提高机体免疫功能，保证运动员健康和功能水平。

◆运动能够增强免疫力

知识链接——全国学生营养日

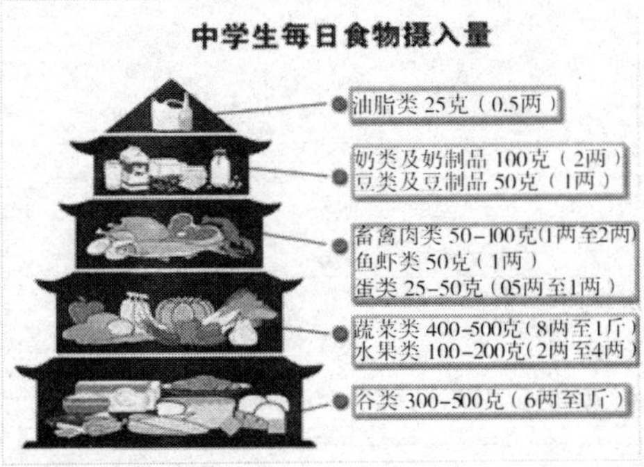

◆学生营养金字塔

1989年成立的中国学生营养促进会在营养学家于若木的主持下，结合世界卫生组织2000年人人享有卫生保健的战略目标，制定了1991年至2000年10年学生营养工作计划。这一计划命名为“护苗系统工程”，其中确定每年5月20日为中国学生营养日。其目的在于广泛、深入宣传学生时期营养的重要性，大力普及营养知识。

1989年5月20日，卫生部和教

育部联合启动了“中国学生营养日”活动，至今已二十多个春秋。

自1990年起，中国学生营养促进会在每年的5月20日均组织开展学生营养宣传活动。数年来，这项宣传活动得到广大师生、家长的欢迎和许多营养学专家的积极参与、支持，在有些地方已经形成了固定的“学生营养日”。为了使学生营养宣传工作更加广泛、深入、持久地开展下去，促进学生营养宣传工作的制度化，2001年5月，教育部、卫生部以（卫疾控发【2001】120号）文联合颁布文件将“中国学生营养日”法定下来。

合理营养与运动

◆每日饮食指南

合理的营养提供运动适宜的能源物质，有助于剧烈运动后的恢复，可减轻运动性疲劳的程度或延缓其发生。引起人体运动能力下降的常见原因如脱水、体温调节障碍引起的体温升高、酸性代谢产物的蓄积、电解质平衡失调所致的代谢紊乱、能源储备物的损耗等，均可在合理营养的措施下（如适宜的饮食营养和补液等）延缓发生或减轻程度。

拓展思考

1. 知道运动与营养平衡相关的知识吗？
2. 你了解全国学生营养日是哪一天吗？
3. 关于合理营养与运动知识你了解多少？

身体的加油站——运动中的能量来自哪里

食物被人体消化和吸收，营养成分就会进入细胞。这些营养物质包括了糖类、脂肪、蛋白质等有机物，还有水分、无机盐和维生素。其中糖类、脂肪和蛋白质可以提供能量。这些有机物可以通过细胞中线粒体的呼吸作用分解，将能量释放出来。这些能量有一部分转化为热能，热能被用以维持体温（变温运动不需要），其余的能量被贮存入一种称为 ATP 的能源物质中。当各项生命活动需要能量时，能量就由 ATP 中释放出来。

运动中的能源物是混合性的，但常以一种供能过程为主。能源物质的氧化和利用取决于运动的强度和持续时间。运动的直接能源是三磷酸腺苷（ATP）。在运动的头几秒钟内贮存的 ATP 用完后，即由磷酸肌酸（CP）分解的能量导致（ATP）的再合成，继而需由糖或脂肪酸不断分解提供能量使 ATP 再合成。ATP 补充的途径是通过磷酸肌酸反应，有氧代谢和无

◆运动中需要消耗能量，不同的运动项目消耗的能量不同

体育与竞技

氧代谢。可见运动中能量的根本来源是食物中的糖、脂肪和蛋白质。

能量的来源

当运动强度大于75%最大吸氧量时，糖氧化供能的比例增加，脂肪酸供能的比例逐渐减少直至零，而当运动强度下降为最大吸氧量的65%或以下时，则脂肪酸的利用增加，骨骼肌中糖元主要为中等强度和亚极限强度的运动提供能量，运动时间达40分钟时可使肌糖元大量消耗。大强度运动时主要是快肌的糖元消耗，而中等强度时，先是慢肌糖元消耗，然后快肌及全部肌糖元含量都显著减少。中等强度运动疲劳与骨骼肌糖元的贮备量有密切关系。过高或过低强度运动中糖元的消耗量都不多。凡增加糖元贮备、节约或减少糖元利用率都可减少中等强度运动引起的疲劳。血糖仅是一种转化能源的物质，肌糖元含量的高低控制着肌肉对糖的利用，运动中补充糖的目的主要是节约肌糖元的耗损。

而脂肪酸的利用主要见于低强度的运动。有的人训练时对脂肪酸的利用能力强，这与训练使骨骼肌腺粒体数量、体积、单位肌肉毛细血管密度，腺粒体酶含量及脂蛋白脂酶活力等的增加有关。脂肪酸的氧化利用受肌肉氧化脂肪酸的能力及由血浆向细胞转运脂肪酸的过程影响。长期参加训练可使氧化脂肪酸的能力增加，这样可节约糖元消耗，从而有利于提高耐力。能源物的氧化还受膳食因素的影响，运动前高脂肪或高糖饮食均可在一定程度上增加脂肪或糖的利用，但一般都不主张在运动前食用高脂肪食物，因高脂肪食物影响胃的排空，使消化吸收缓慢，氧化利用时的耗氧量高。

运动中的能量消耗

运动中最直接和最迅速的能量来自三磷酸腺苷（ATP）。运动时，肌肉中的ATP在酶的催化作用下迅速分解为ADP和无机磷酸，同时释放能量，这个能量就是肌肉收缩时唯一的直接能源。

骨骼肌ATP的储备量很小，只能维持几秒钟剧烈运动的能量，所以ATP消耗后必须不断补充，以维持高强度运动，当肌肉中存在ADP时，肌肉中储备的磷酸肌酸（CP）立即分解为磷酸和肌酸，并释放出能量不断

◆游泳消耗能量巨大

把 ADP 和磷酸再合成 ATP。但肌肉中的 CP 含量也是有限的，必须不断合成。ATP 和 CP 的再合成必须向其他化学物质索取能量，这些能量来自糖的无氧酵解和有氧氧化，以及脂肪和蛋白质的氧化。

热　量

热量单位只是衡量能量的一种方法——衡量食物中的热量和人们身体中释放的热量。按专业上的说法，1 个单位量的热量能使 1 克的水上升摄氏 1 度。热量不是营养物，但很多营养物给我们热量。蛋白质、糖类和脂肪组合成含有热量的各种食物。

☆1 克蛋白质包含 4 千卡热量

☆1 克糖类含 4 千卡热量

☆1 克脂肪含 9 千卡热量

☆1 克酒精含 7 千卡热量

◆运动与能量消耗

经常食用的食物品种中所含的能量（肉、禽蛋、水产品类）

食物品种	重量（克）	热量（千焦耳）	食物品种	重量（克）	热量（千焦耳）
猪肉（瘦）	100	787	牛肉（腿）	100	724
瘦牛肉	100	628	咸牛肉	100	1005
牛排	100	1273	半瘦牛肉	100	1088
羊肉	100	971	鸡肉	100	515
鹅肉	100	603	鸭肉	100	448
牛百叶	100	1290	叉烧	100	1013
肉松	100	1498	香肠	100	1365
午餐肉	100	1402	白斩鸡	100	829
火腿	100	1628	煎咸肉	100	2821
煎猪排	100	1888	烧鸡	100	816
鸡蛋	100	733	蟹肉	100	377
虾	100	377	草鱼	100	460
龙虾	100	419	鲤鱼	100	435
胖头鱼	100	343	带鱼	100	515
水发海参	100	100	水发鱿鱼	100	314
色拉油	100	3696	猪油	100	3767
花生油	100	3696	豆油	100	3761

运动时的最佳燃料——糖

◆糖类含量较多的食物

糖类是由碳、氢、氧三种元素组成的一类化合物，也被称为糖类。糖类在人体内最主要的生理作用是供给机体能量，是人体内来源最广泛、最经济而又分解最完全的供能物质。人体摄入的糖大部分首先转化为葡萄糖，再由血液运送到肝脏。在肝脏内葡萄糖可以转化为脂肪、糖元或运输到其他组织，如肌肉等。在肌纤维中，葡萄糖分子形成链组成糖元，糖元是肌纤维收缩的直接能量来源。当人体运动时，糖元在肌肉中分解，以很高的速率释放能量。

糖的种类

糖可分为多糖、双糖、单糖。米饭、馒头、面条、面包、饼干、山芋、南瓜所含的淀粉便是多糖；而蔗糖、麦芽糖和乳糖是双糖；果糖、半乳糖与葡萄糖是单糖。人体只能吸收单糖，而单糖之中葡萄糖是主要可以利用的形式。多糖类的淀粉虽然不甜，但在淀粉酶的作用之下，会被分解为单糖，而且主要是葡萄糖。如有足够的胰岛素，身体便能将其吸收利用。如果没有足够的胰岛素帮助它转化，它们便在血中升高血糖，乃至滤出成为尿糖，便是糖尿病。

淀粉在淀粉酶的作用下一下子变成了葡萄糖，使人体可以直接利用。其他的糖类最终也是变成单糖，但却不能立即变成葡萄糖。比如麦芽糖分解为果糖和半乳糖，然后再转变为葡萄糖被吸收利用。所以，我们不能认为最终将分解为果糖或半乳糖的白糖或糖果是精制糖就更容易吸收。

糖在运动中的作用

◆健美的体型

糖在人体内的储备并不多，只有400～600克，但它却是日常的生理活动的主要能量来源（约占60%～70%）。糖也是大脑的主要能源物质，由于它经常被消耗，储量也相对不足，因此人在疲劳和饥饿的时候，容易发生头晕、心慌等现象。

在运动的时候，糖会积极地参与到能量供应中。1～2分钟的大强度运动，主要是肌肉中的糖原参与供能，这时糖供能的比例可到达95%左右。15～30分钟的中等强度运动，肌肉中的糖原几乎消耗完了，就由血糖和肝脏的糖原分解来提供能量。1～2小时或更长时间的运动，糖的数量减少，供能所占的比例也渐渐下降，而脂肪供能比例增加，可达到80%左右。总的来说，时间越短，强度越大，糖提供能量所占的比例越大。时间越长，强度越低，脂肪供能所占的比例越大。例如，以较慢的速度跑30分钟（9.5分钟/千米），其中约有60%的能量供应来自脂肪，而以5分钟/千米的速度跑30分钟，只有40%的能量供应来自脂肪，剩下大部分能量都由糖来提供。这也就是为什么专家一直强调长时间的低强度运动才能减肥的原因。

由于糖的重要作用，中国营养学会推荐我国居民糖的摄入应占总能量的55%～65%，而对于经常参与长时间耐力跑的运动者，糖的摄入要占总能量的65%～70%，这就要求我们吃饭时不能省略主食，而是要多吃主食。跑步爱好者想在运动前补糖，至少应该把时间提前1～2小时，如果在运动前30～60分钟进食高糖饮食，会影响消化，对胃产生不良影响。同样，运动中补糖也应该少量多次，减少肠胃的不适反应。

小 知 识

糖是主要的能源来源

人体运动需要合适的能源物质，其中糖是最优质的人体运动燃料。糖是人体最主要的供能物质，也是构成细胞的主要成分。每克糖类在人体内分解所释放出的能量平均为17.15千焦。

运动时补糖

关于运动前补糖的时间目前存在不同的看法：有学者认为在训练前或比赛前的30～90分钟补糖会引起明显的胰岛素效应，从而影响运动能力的发挥，应避免在此时间段补糖；最近的研究认为在这个时间段补糖对运动能力没有影响，因为运动开始后肾上腺素和去甲肾上腺素的分泌增加会抑制胰岛素的分泌；也有专家认为在此时间段可以补充低GI的食物，因为低GI食物补充后引起的胰岛素效应低，而且在运动中血糖水平与补充高GI食物的效果一样，这有待于进一步的研究证实，但普遍认为在训练前和比赛前的20分钟内补糖效果最佳，既可使肾上腺素等分泌增加，又可使胰岛素分泌下降，从而有利于运动能力的提高。在运动前补糖一般以液态糖为佳，多糖食品中可溶性淀粉在运动时的氧化速率较高，为0.9克/分钟，且GI不高，故选择可溶性淀粉效果较好。

◆喝饮料时补充糖分

运动中补糖

一般采用5%～10%等渗或低渗含糖饮料，以少量多次的方式饮用，补糖量不应超过60克/小时，避免对胃肠道产生不利影响。由于葡萄糖的渗透压较高，一般在运动饮料中主要以低聚糖和小分子淀粉为主，这是因

◆骑车运动

为它们渗透压较低，仅为葡萄糖的1/4，甜度小，吸收也快．因此由低聚糖或小分子淀粉配制的运动饮料可以为机体提供充足的糖。运动界常用的运动中补充的能量泵填充剂饮料主要由低聚糖或中低分子的淀粉、果糖、柠檬酸、牛磺酸、无机盐、维生素、肌酸等组成。

运动后补糖

运动后，开始补糖时间越早越好，理想的是在运动后即刻或头 6 小时以内，肌肉中糖原合成酶含量高，糖原恢复效果佳。但是在运动训练和比赛后，由于大负荷强度的运动训练会影响运动员的食欲以及洗澡等其他的原因，运动员往往错过最佳的补糖时间，因此在运动训练和比赛结束后即刻补充含糖丰富饮料（含有一定的无机盐，可以促进糖吸收和糖原恢复），一般补充量不超过 50 克/小时，在其后的 6 小时内除以膳食摄入大量的糖以外，还可以每隔 1～2 小时补充一定的含糖（葡萄糖为主，因为葡萄糖 GI 最高，最有利于肌糖原的合成）丰富的饮料，促进机体糖贮备的迅速恢复。

拓展思考

1. 你知道糖的种类吗?
2. 你了解怎样在运动中、运动后补糖吗?
3. 关于运动时补糖你了解多少?

长时间耐力运动的燃料——脂肪

◆脂肪含量较高的食物

脂肪对人体有许多极重要的功能。脂肪包括中性脂肪和类脂两大类，是人体的重要组成部分。类脂包括磷脂、糖脂、胆固醇等，主要存在于细胞原生质和细胞膜中，其含量不易受到影响，故称为定脂。正常人体内脂类脂肪含量约占体重的10%～20%。中性脂肪主要分布在人体的皮下、腹腔、肌肉间隙和脏器周围，是人体内热能的一种储存形式，受机体营养状况和活动量的影响而变动，故称为动脂。人体中摄入过多的胆固醇会提高血液里低密度脂蛋白胆固醇，增加冠心病的风险。胆固醇偏高与心脏病、某些癌症、肥胖及其相关疾病有关。因此，专家建议从脂肪摄入的卡路里不超过30%。

脂肪的种类

如果保持血液中的胆固醇在一个较低的水平，就能减少动脉里的脂类沉淀物。小心胆固醇，并不是要你放弃诱人的美食，远离宴席，其实你完全没有必要谈“脂”色变，改用低脂食品，选择那些不饱和脂肪食品，可以让你既拥有健康，又享受美食的乐趣。

脂肪的种类

改用低脂肪饮食并不意味着你必须完全忌食所有自己喜爱吃的食物。不过这确实意味着其中一些食物将成为“偶尔的美味”，而不是你每日饮食中的组成部分。经常步行、积极锻炼也很重要，这样你的身体可以消耗大量的热量。

◆脂肪含量较高的食物

应该摄入多少数量的脂肪取决于你的个子大小以及运动量的程度。小个子、运动不积极的人就要少吃食物，当然也应该少摄入脂肪。

脂肪可分成三大类。绝大多数食品混有三种脂肪，不过通常一种脂肪占主导地位。

饱和脂肪存在于含脂肪的肉类、许多烹饪用的脂油、黄油、冰淇淋、一些人造黄油、巧克力、干酪、大多数快餐、油酥点心、馅饼、饼干、蛋糕、羊角面包、油炸土豆片和类似点心以及普通牛奶等。

多不饱和脂肪存在于植物油、标明含“多不饱和脂肪”的人造黄油、核桃、籽类（向日葵籽、芝麻和南瓜籽）、鱼和山核桃果等。

单不饱和脂肪存在于橄榄、橄榄油，一些干果如花生和巴西果，花生油和鳄梨等。

多不饱和脂肪与单不饱和脂肪都有益于人体，可用来部分代替饱和脂肪。

脂肪的生理功能

1. 生物体内储存能量并供给能量的物质。1 克脂肪在体内分解成二氧化碳和水并产生 38 千焦（9 千卡）能量，比 1 克蛋白质或 1 克糖类高一倍多。

2. 构成一些重要生理物质。脂肪是生命的物质基础，是人体内的三大组成部分（蛋白质、脂肪、糖类）之一。磷脂、糖脂和胆固醇构成细胞膜的类脂层，胆固醇又是合成胆汁酸、维生素 D_3 和类固醇激素的原料。

3. 维持体温和保护内脏，缓冲外界压力。皮下脂肪可防止体温过多向外散失，减少身体热量散失，维持体温恒定。也可阻止外界热能传导到体内，有维持正常体温的作用。内脏器官周围的脂肪垫有缓冲外力冲击保护内脏的作用。减少内部器官之间的摩擦。

◆油炸食品

4. 提供必需脂肪酸。

5. 脂溶性维生素的重要来源。鱼肝油和奶油富含维生素 A、D，许多植物油富含维生素 E。脂肪还能促进这些脂溶性维生素的吸收。

6. 增加饱腹感。脂肪在胃肠道内停留时间长，所以有增加饱腹感的作用。

小知识

储能的物质

脂肪是储备的能源物质，是长时间运动时的主要燃料。肥胖者运动减肥时，应采用中等强度的持续较长时间的全身性悠扬运动。每克脂肪类在人体内分解所释放出的能量平均为 38.91 千焦。

拓展思考

1. 你知道脂肪的种类吗？
2. 你了解脂肪的生理功能吗？
3. 关于脂肪你了解多少？

运动中的“打火剂”——矿物质、维生素

矿物质是人体内无机物的总称。是地壳中自然存在的化合物或天然元素。矿物质和维生素一样，是人体必需的元素，矿物质是无法自身产生、合成的，每天矿物质的摄取量也是基本确定的，但随年龄、性别、身体状况、环境、工作状况等因素有所不同。

人体重量96%是有机物和水分，4%为无机元素组成。人体内约有50多种矿物质，在这些无机元素中，已发现有20种左右的元素是构成人体组织、维持生理功能、生化代谢所必需的，除C、H、O、N主要以有机化合物形式存在外，其余均称为无机盐或矿物质。大致可分为常量元素和微量元素两大类。

维生素

维生素也称维他命，是人体不可缺少的一种营养素，它是由波兰的科学家丰克命名的，丰克称它为“维持生命的营养素”。维生素是维持人体健康所必需的一类营养素，本质为低分子有机化合物，它们不能在体内合成，或者所合成的量难以满足机体的需要，所以必须由食物供给。维生素的每日需要量甚少(常以毫克或微克计)，它们既不是构成机体组织的原料，也不是体内供能的物质，然而在调节物质代谢、促进生长发育和维持生理功能等方面却发挥着重要作用，如果长期缺乏某种维生素，就会导致各种疾病。

◆水果中维生素含量较高

维生素种类很多，通常按其溶解性分为脂溶性维生素和水溶

性维生素两大类。前者有 A、D、E、K，不溶于水，而溶于脂肪及脂溶剂中，在食物中与脂类共同存在，在肠道吸收时与脂类吸收密切相关。当脂类吸收不良时，如胆道梗阻或长期腹泻，它们的吸收大为减少，甚至会引起缺乏症。最简单的例子像大家熟知的胡萝卜吃油的道理就是这样。脂溶性维生素排泄效率低，故摄入过多时可在体内蓄积，产生有害作用，甚至发生中毒。

水溶性维生素包括 B 族维生素（B_1、B_2、B_6、B_{12}、PP 等）和抗坏血酸维生素 C。B 族维生素是辅酶的组成部分。B 族维生素中的 B_6、泛酸及生物素在食物中广泛存在，肠道细菌又可合成，人类未发现典型的缺乏症。水溶性维生素的特点是溶于水，不溶于脂肪及有机溶剂。容易从尿中排出体外，且排出效率高，一般不会产生蓄积和毒害作用。维生素既不参与构成人体细胞，也不为人体提供能量。人体对它的需要量很小，但它对人体的作用却很大。人体一旦缺乏维生素，就会影响正常的生长和发育，会引起疾病。

维生素的作用

脂溶性维生素的作用：

维生素 A：维持正常视力，预防夜盲症；维持上皮细胞组织健康；促进生长发育；增加对传染病的抵抗力；预防和治疗干眼病。

◆水果中含有丰富的维生素

维生素 D：调节人体内钙和磷的代谢，促进吸收利用，促进骨骼成长。

维生素 E：维持正常的生殖能力和肌肉正常代谢；维持中枢神经和血管系统的完整。

维生素 K：止血。它不但是凝血酶原的主要成分，而且还能促使肝脏制造凝血酶原。小儿维生素 K 缺乏症

水溶性维生素的作用：

维生素 B_1：保持循环、消化、神经和肌内正常功能；调整胃肠道的功能；构成脱羧酶的辅酶，参加糖的代谢；能预防脚气病。

维生素 B_2：又叫核黄素。核黄素是体内许多重要辅酶类的组成成分，这些酶能在体内物质代谢过程中传递氢，它还是蛋白质、糖、脂肪酸代谢和能量利用与组成所必需的物质。能促进生长发育，保护眼睛、皮肤的健康。

泛酸（维生素 B_5）：抗应激、抗寒冷、抗感染，防止某些抗生素的毒性，消除术后腹胀。

维生素 B_6：在蛋白质代谢中起重要作用。治疗神经衰弱、眩晕、动脉粥样硬化等。

维生素 B_{12}：抗脂肪肝，促进维生素 A 在肝中的贮存；促进细胞发育成熟和机体代谢；治疗恶性贫血。

维生素 B_{13}（乳酸清）。

维生素 B_{15}（潘氨酸）：主要用于抗脂肪肝，提高组织的氧气代谢率。有时用来治疗冠心病和慢性酒精中毒。

维生素 B_{17}：剧毒。有人认为有控制及预防癌症的作用。

对氨基苯甲酸：在维生素 B 族中属于最新发现的维生素之一。在人体内可合成。

肌醇：维生素 B 族中的一种，和胆碱一样是亲脂肪性的维生素。

维生素 C：连接骨骼、牙齿、结缔组织结构；对毛细血管壁的各个细胞间有粘合功能；增加抗体，增强抵抗力；促进红细胞成熟。

维生素 PP（烟酸）：在细胞生理氧化过程中起传递氢作用，具有防治癞皮病的功效。

叶酸（维生素 M）：抗贫血；维护细胞的正常生长和免疫系统的功能。

维生素 T：帮助血液的凝固和血小板的形成。

维生素 U：对治疗溃疡有重要的作用。

拓展思考

1. 你知道维生素来源吗？
2. 你了解维生素的作用吗？
3. 关于维生素你了解多少？

健康宝典——运动处方

运动处方的概念最早是美国生理学家卡波维奇在20世纪50年代提出的。60年代以来，随着康复医学的发展及对冠心病等疾病的康复训练的开展，运动处方开始受到重视。1969年世界卫生组织（WHO）开始使用运动处方这一术语，从而在国际上得到认可。运动处方的完整概念是：康复医师或体疗师，对从事体育锻炼者或病人，根据医学检查资料(包括运动试验和体力测验)，按其健康、体力以及心血管功能状况，用处方的形式规定运动种类、运动强度、运动时间及运动频率，提出运动中的注意事项。运动处方是指导人们有目的、有计划和科学地锻炼的一种方法。

运动处方是指针对个人的身体状况，采用处方的形式规定健身者锻炼的内容和运动量的方法。其特点是因人而异，对“症”下药。自20世纪50年代，美国生理学家卡波维奇提出了运动处方的概念，1969年世界卫生组织使用了运动处方术语，在国际上得到确认。前西德Holl-mann研究所从1954年起对运动处方的理论和实践进行研究，制定出健康人、中老年人、运动员、肥胖病等各类运动处方，社会效果显著。

运动处方的构成

1. 健康检查

了解锻炼者的一般身体发育、伤病的情况和健康状况，以确定是否是健身运动的适应者，有无禁忌症。

2. 运动负荷测定

检测和评定锻炼者对运动负荷的承受能力。以心肺功能为主，进行安静和运动状态下的生理功能检测，主要有心率、血压、肺活量等指标。

3. 体能测定

进行力量、耐力、速度和灵敏的身体素质检测，从中判定锻炼者的运

动能力和生理机能的状况。

4. 制定运动处方

（1）运动目的：通过有目的的锻炼达到预期的效果。由于各人的情况千差万别，运动处方的目的有健身的、娱乐的、减肥的、治疗的等多种类型。

（2）运动项目：在运动处方中，为锻炼者提供最合适的运动项目关系到锻炼的有效性和持久性。选择运动项目，要考虑运动的目的，是健身的，还是治疗的；要考虑运动条件，如场地器材、余暇时间、气候等；还要结合体育兴趣爱好等。

（3）运动强度：是运动时的剧烈程度，是衡量运动量的重要指标之一，可用每分钟的心率次数来表示大小。一般认为学生心率：120 次/分钟以下为小强度，120～150 次/分钟为中强度，150～180 次/分钟或 180 次/分钟以上为大强度。测量运动强度的简单办法是：测量运动后 10/秒脉搏 ×6，就是 1 分钟的运动强度。

（4）运动时间：指一次锻炼的持续时间。它与运动强度紧密相关，强度大，时间应稍短，强度小，时间应稍长。有氧锻炼一般在 30 分钟左右就可以达到较好的效果。

（5）运动频度：指每周的锻炼次数。

关于运动频度，日本的池上晴夫研究表明，1 周运动 1 次，肌肉酸痛和疲劳每次发生，运动后 1～3 天身体不适，效果不蓄积；1 周运动 2 次，酸痛和疲劳减轻，效果有点蓄积，不明显；1 周运动 3 次，无酸痛和疲劳；效果蓄积明显；1 周运动 4～5 次，效果更加明显。可见，1 周运动 3 次以上，效果才明显。

5. 效果检查

由于个人情况千差万别，在实行运动处方的过程中，可能会有不合适的地方，应在实践中及时检查和修正，以保证锻炼的效果。

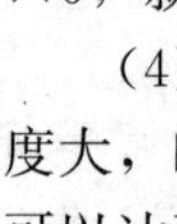

知识链接——减肥处方

目前专家们认为，肥胖是指：当人体摄取食物过多，而消耗能量的体力活动减少，摄入的热量超过了机体所消耗的热量，过多的热量在体内转变为脂肪大

量蓄积起来，使脂肪组织异常地增加，体重超过正常值20%以上，有损于健康的一种超体重的状态。

由于超体重的肥胖对人们健康构成很大的危害，减肥问题已经引起人们的广泛重视。尽管对减肥有多种多样的说法和做法，但实践表明：

(1) 减肥的关键在于运动。目前，专家们认为，要减肥一是节制饮食，二是加强运动，即减少摄入的热量或者努力消耗体内的热量。所以说值得大力提倡的是两个方面：一是平衡膳食，另一个就是运动。美国专家的调查表明，要使减肥持久坚持下去，除了有节制地减少摄入的热量外，必须增加运动量。

◆中学生篮球比赛

(2) 科学节食与运动相结合。一般限制饮食，适当减少糖类及脂肪摄入，仅对轻度肥胖者有效。对较重肥胖者严格限制饮食减肥效果不能持久，单纯限制饮食能控制体重者一般不到20%，大约50%的人在2～3年内恢复以前的体重。

为此，在制定减肥运动处方时，应考虑：

(1) 减肥运动的强度。

从能量消耗的角度来看，强度中等的运动（如长跑），可以持续较长的时间，总能量消耗就多。而且中等强度运动除了糖以外，脂肪是供能的重要来源。根据这个道理，时间长、中等强度的运动对减肥效果最好。

日本爱知大学运动医疗中心提出的运动减肥方案是：运动强度为最大运动量的40%～60%；每次运动2.5小时，消耗能量1004.5～1255.7千焦耳（240～300千卡）；每周运动3次以上，有人认为减肥运动最佳心率的计算方法是：

(220－年龄－安静心率) ÷2＋安静心率

(2) 选择适合的运动项目。

一是锻炼全身体力和耐力的有氧运动项目，如长距离步行、慢跑、自行车和游泳等；

二是以锻炼肌力、肌肉耐力为目标的拉力器等静态运动；

三是准备活动和整理活动的伸展体操。尤应注意不断更换运动内容，以免厌烦。但有高血压和冠心病时，不要做等长（静力）运动，以免引起心率过快和血压升高。

(3) 制定减肥目标和计划

美国运动生理学家莫尔豪斯认为：减肥必须采取理智和稳健的方法，即根据自己的实际情况制定切实可行的减肥目标和计划，然后逐渐调整热量消耗与饮食的关系。他提醒减肥者，在1周内减体重不应超过0.45千克，否则不能真正长久地减肥。切不可将报刊上的模特儿做你的榜样。

有了目标即可实行每周0.45千克的减肥计划。由于0.45千克脂肪可以产生14649千焦耳（3500千卡）的热量，所以，平均每天要比摄入量多消耗20927千焦耳（5000千卡）。消耗这些热量的最佳办法是：每天减少8371千焦耳（2000千卡）热量的食物，再用运动多消耗12556千焦耳（3000千卡）热量。

生命之源——水

◆合理饮水有利健康

人的身上六成是水，在地球上，哪里有水，哪里就有生命。一切生命活动都是起源于水的。人体内的水分，大约占到体重的65%。其中，脑髓含水75%，血液含水83%，肌肉含水76%，连坚硬的骨骼里也含水22%哩！没有水，食物中的养料不能被吸收，废物不能排出体外，药物不能到达起作用的部位。人体一旦缺水，后果是很严重的。缺水1%～2%，感到渴；缺水5%，口干舌燥，皮肤起皱，意识不清，甚至幻视；缺水15%，往往甚于饥饿。没有食物，人可以活较长时间（有人估计为两个月），如果连水也没有，顶多能活一周左右。

水的作用

水参与人体内新陈代谢的全过程。水的溶解力甚强，并有较大的电离能力，可使人体内的水溶物质，以溶解状态和电解质离子状态存在；又由于水具有较大的流动性能，在人体消化、吸收、循环、排泄过程中，可加速协助营养物质的运送和废物的排泄，使人体内新陈代谢和生理化学反应得以顺利进行。

水是细胞和体液的重要组成部分——人体的每个细胞及其基本单元均含有水分，人体的各种腺体分泌物均为液体。如体内缺水，则消化液分泌

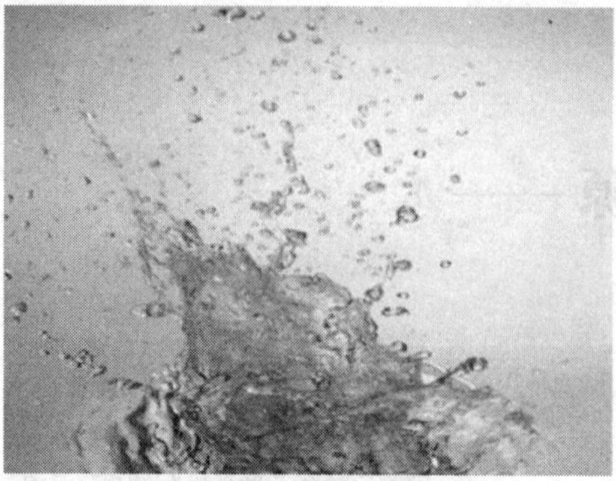
◆水花

减少，食物消化受到影响，食欲下降，血流减缓。体内废物积累，代谢活动降低，导致体力衰竭致病，并加重病情。

水保持着人体一定的血溶量——人体的血液含水量约占80%，如果大量失水，则使血溶量减少，而产生低血压，从而影响着人体的各种器官，特别是心、脑、肾的机能活动，故血溶量与水的含量有着密切关系。

水对人体关节肌肉和体腔起着重要的润滑作用——人体如果缺水，其消化吸收、血液循环、关节活动、体温调节、体腔器官功能和废物代谢等，都会受到影响，水对人体的各种器官、关节、肌肉、组织，都能起到缓冲、润滑、保护之作用。

水是医药、医疗上的输液、输血、输氧三大法宝之一。尤其对高热、腹泻脱水的病人，常用静脉输液，输入生理盐水及必需的药物，由静脉血管，可以迅速通往整个身体，从而起到起死回生作用；一般疾病多由各种病原入侵导致，服用药物消灭病原以后，则需排出病原、代谢废物及多余的药物，故需大量饮水，以便产生大量汗液和尿液，将死亡的病原、代谢废物和多余的药物等排出体外。

小知识——健身运动时该如何补充水分?

通常情况下，人们喝进体内的水首先通过尿液和汗液排出体外，体内水的数量得到调节，使血液中的盐类等特定化学物质的水平达到平衡。如果你喝了太多的水，最后肾不能快速将过多的水分排出体外，血液就会被稀释，血液中的盐类浓度被降低。

专家表示，血液中盐类的浓度如果比细胞中的浓度还低，水就会从稀释的血液中移向水较少的细胞和器官，而这将引起相应的器官的膨胀，这种膨胀会促使脑内的压力增加，这时你可能就会感到头痛。随着大脑的挤压，呼吸等重要的调

节器官功能区域受到压迫。最后这些器官功能将被削弱，这时你可能就会停止呼吸，最终死亡。

运动补液的总原则是预防性补充和少量多次。

运动后不能只喝白开水

由于运动中补液的量往往少于丢失的体液量，因此运动后也要补液，使机体的液体达到平衡。补液量的多少可根据体重丢失的情况而定。运动后补液也要遵循少量多次的原则，尽量在运动后及时补充。运动后，不能只饮用白开水。白开水虽然一时解渴，但会造成血浆渗透压降低，增加排尿量，反而延缓人体的复水过程，还会稀释胃液，影响消化。

运动中补液的量则应根据出汗量的多少而定。一般总量不应超过每小时800毫升，必须少量多次进行，以避免一次性大量补液对胃肠道和心血管系统造成过重的负担。具体方法为每隔15～20分钟补液150～300毫升。如果户外跑步或者使用跑步机，可以考虑每跑两三千米补液100～200毫升。在高温下进行大强度的运动，每小时补液量应大于300毫升。如果运动时间不超过1小时，补充纯水即可；如果长于1小时，则应补充含电解质和糖的运动饮料。此外，一般不主张在运动前和运动中饮用含二氧化碳气体的运动饮料，因为这会使胃部产生胀气感，对运动不利。

你知道吗？

运动后喝盐水有什么好处？

人在剧烈运动后会出大量的汗水以带走热量，汗水同时也会带走人体血液中的一部分盐分。喝些盐水对人体补充盐分和水分是很有利的。盐水的浓度并不用精确到多少，口感微微有些咸即可。一般来说，在出汗较多的情况下，特别是在夏天从事剧烈运动时，应适当喝些淡盐水。夏天气温高、湿度大，人体通过排汗将大量

◆运动与饮水

热能及时散发掉，以保持体温的相对稳定。在机体大量排汗的同时，带走了不少无机盐，如钠、钾、镁等，这样势必引起机体缺盐，以致疲乏无力，甚至引起肌肉痉挛或抽筋。因此，夏季从事剧烈运动时，适当喝些淡盐水是必要的。

运动后补盐是不是多多益善

◆运动后喝水

虽然氯化钠等盐对维持肌肉做功有好处，参加运动的人不可或缺的要补盐，但是并不是补盐多多益善。运动后适当补盐是为了防止由于大量出汗钠盐丢失造成的电解质平衡紊乱，而不是额外增加体能钠盐的绝对量。我国推荐运动员每天钠盐的供给量为耐高温下训练不超过 5 克，高温下训练不超过 8 克。这一标准同样可供一般人健身参考。任何营养成分都是适量为好，没有哪一种是多多益善。

拓展思考

1. 你知道水在人体中的作用吗？
2. 你了解运动中应该如何补水吗？
3. 关于运动后应该喝什么饮料你了解多少？

锻炼的误区——多吃肉能长肌肉吗

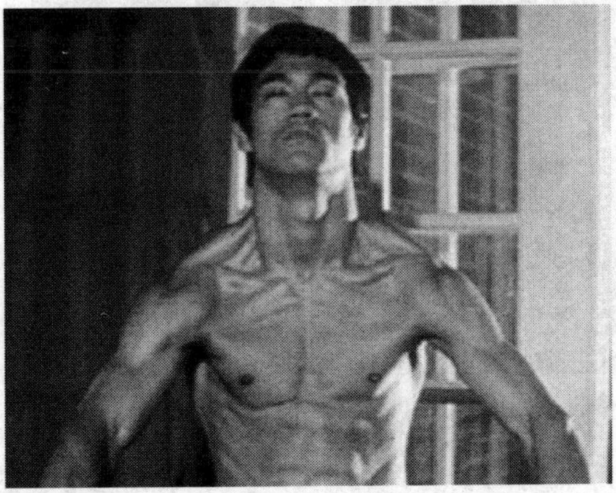

◆李小龙

人体完成任何一个动作都离不开肌肉，大学生要想肌肉粗壮有力，健美协调，除科学的训练以外还要吃适量的优质蛋白质，而这些蛋白质并不能只靠吃肉获得。

食物中的蛋白质来源很广，一般包括动物蛋白和植物蛋白。动物蛋白来自于鸡、鸭、鱼、猪、牛、羊肉和奶等；植物蛋白则来自于大豆、粮食（如米、面、玉米等）。怎样才能使蛋白质补充合理，取得肌肉增长的最佳效果呢？

一般来说，膳食中蛋白质补充应该注意两点：一是蛋白质的补充量要合理；二是动物蛋白和植物蛋白搭配要合适。运动员蛋白质摄入量为每日每千克体重1.2～2.0克，以一名70千克体重者为例，每天要摄入蛋白质约100～150克。每天若吃500克主食（米饭、玉米、面食等），可得到约50克蛋白质，其余可通过吃肉类和豆制品来补充。值得注意的是，吃过量的蛋白质并不会更多地增长肌肉，相反会造成机体代谢的过重负担，甚至产生毒性作用。

在摄入的蛋白质中，动植物蛋白应各占50%，由于动物蛋白和人体肌肉蛋白相近，有人认为应多吃肉，但动物蛋白也不应超过摄入量的60%。因为过多的肉食，除造成经济上的浪费以外，还会带来过多的脂肪，对身体不利。

肌肉锻炼方法

◆健美比赛

室内可以做的是举哑铃，锻炼大臂的肌肉，或者做俯卧撑；每天做蹲起可以锻炼腿部肌肉，特别是大腿。

在小腿上绑上负重物做抬起，可以锻炼小腿肌肉。另外就是俯卧撑，可以锻炼小腹肌肉，避免肉长多了以后变大肚子。

还可以在室外跑步，主要是慢跑，一方面增加肺活量，另外也能锻炼腿部肌肉。

如果户外有台阶，还可以保持下蹲的姿势跳台阶，一层层往上跳，也能锻炼腿部肌肉。

练习的次数根据你的身体状况，如果你现在比较瘦，俯卧撑或者仰卧起坐一般 30 个左右就可以了。练一段时间随着力量的增加，次数也可以适当的增加。一般来讲坚持练一个月，次数就能够上 100 了。

练习的时间根据你的作息安排，最好是早晚两次。

如果你想全身都达到锻炼效果，给你的建议是：先慢跑 10～15 分钟，达到热身效果，增强全身的血液循环；然后做 30 个俯卧撑，或者举哑铃。再做 30 个仰卧起坐，然后是 30 个蹲起。以后次数可以慢慢增加……时间允许的话，最好早晚各来一次，最重要的是贵在坚持，否则锻炼效果十分有限。

名人介绍：施瓦辛格

施瓦辛格从小就一直梦想做世界上最强壮的人而最终如他所愿，所以他的一生莫不和肌肉有关。

1961 年 7 月正当少年的施瓦辛格见到了体操运动联合会主席 Kurl · Marnul,

从此萌生了对健美的兴趣。

1963年施瓦辛格在格拉茨参加了生平第一次健美比赛，获得亚军。

1964年施瓦辛格获得城市和国家青少年组伸屈（健身）比赛冠军。

1965年施瓦辛格开始在奥地利军营服兵役，参加了在斯图加特举行的欧洲青少年健美大赛，获得少年欧洲先生称号。

1966年获得欧洲先生称号1966年在欧洲“体格最佳的男人”比赛中夺冠。

◆施瓦辛格

◆参加健美比赛的施瓦辛格

1967年被美国《发展肌肉》杂志作为封面人物。

1968年成为《肌肉运动与力量》杂志的封面人物。

1969年在前西德获欧洲先生称号。

1980年在悉尼第7次获得奥林匹亚先生称号。

1981年再次出现在杂志《肌肉与健身》封面上。

1982年第一部健美练习的录像带与阿诺德一起训练发行。

1989年获得《肌肉与健身》评选的历史上最佳健美运动员。

1990年被布什总统任命为总统健康及运动委员会主席。

1993年被加州政府选为体育和健身委员会主席。

1994年《肌肉与健身》与《伸屈》两本杂志分别为施瓦辛格出版特别专辑，取名为“偶像”。

1997年被国际健联授予金质奖章，称他为20世纪最伟大的健美运动员。

另：施瓦辛格所有的影片中无不展示了他强健的体魄和结实的肌肉，这成为他影片的一大卖点，他成为许多男性的偶像。

拓展思考

1. 你知道小腿肌肉应该怎样练吗?
2. 你了解锻炼时间长短应怎样确定吗?
3. 关于施瓦辛格你了解多少?

怎样补充“打火剂”——长期参加健身运动怎样补充维生素

体育运动加强人能量代谢，在能量消耗增加的情况下，某些维生素的需要会随之增加，尤其是B族维生素，主要因为运动使维生素在体内的代谢周转加快，尤其是高强度运动训练，使能量代谢明显增加。

此时如果维生素不足或缺乏，会对运动能力产生不利影响，活动能力减弱，运动效率下降，即使是轻度的维生素缺乏，也会对运动能力造成不良影响。

维生素摄入量与人体运动能力有关，维生素缺乏或不足时限制运动能力，维生素营养状况改善后又会促进运动能力，但是维生素的摄入量达到最大功能输出能力的需要后，再进一步增加维生素的摄入量，功能不会继续增加。

由此可见，长期参加运动训练的人，是否应该增加维生素的摄入量取决于运动量和运动强度的大小以及日常膳食营养情况。粮食类谷物和新鲜蔬菜水果等食物中都含有比较丰富的维生素，平衡膳食的情况下容易满足机体对维生素的需求量。

微量元素的摄取

人体中有80多种元素。根据元素在人体内的含量不同，可分为宏量元素和微量元素两大类。凡是占人体总重量的万分之一以上的元素，如碳、氢、氧、氮、钙、磷、镁、钠等，称为常量元素；凡是占人体总重量的万分之一以下的元素，如铁、锌、铜、锰、铬、硒、钼、钴、氟等，称为微量元素（铁又称半微量元素）。微量元素在人体内的含量真是微乎其微，如锌只占人体总重量的百万分之三十三。铁也只有百万分之六十。

微量元素虽然在人体内的含量不多，但与人的生存和健康息息相关，

◆蔬菜水果

对人的生命起至关重要的作用。它们的摄入过量、不足、不平衡或缺乏都会不同程度地引起人体生理的异常或发生疾病。微量元素最突出的作用是与生命活力密切相关，仅仅像火柴头那样大小或更少的量就能发挥巨大的生理作用。值得注意的是这些微量元素通常情况下必须直接或间接由土壤供给，但大部分人往往不能通过饮食获得足够的微量元素。根据科学研究，到目前为止，已被确认与人体健康和生命有关的必需微量元素有 18 种，即铁、铜、锌、钴、锰、铬、硒、碘、镍、氟、钼、钒、锡、硅、锶、硼、铷、砷等。这些微量元素都有其特殊的生理功能。尽管它们在人体内含量极小，但它们对维持人体中的一些决定性的新陈代谢却是十分必要的。一旦缺少了这些必需的微量元素，人体就会出现疾病，甚至危及生命。目前，比较明确的是约 30％的疾病直接是微量元素缺乏或不平衡所致。如缺锌可引起口、眼、肛门或外阴部红肿、丘疹、湿疹。又如铁是构成血红蛋白的主要成分之一，缺铁可引起缺铁性贫血。

国外曾有报道：机体内含铁、铜、锌总量减少，均可减弱免疫机制（抵抗疾病力量），降低抗病能力，助长细菌感染，而且感染后的死亡率亦较高。微量元素在抗病、防癌、延年益寿等方面都还起着非常重要的作用。

微量元素的功能

分子生物学的研究揭示，微量元素通过与蛋白质和其他有机基团结合，形成了酶、激素、维生素等生物大分子，发挥着重要的生理生化功能。

微量元素首先构成了休内重要的载体与电子传递系统。铁存在于血红蛋白与肌红蛋白之中，在它们执行载氧与贮氧的过程中，铁扮演了十分重要的角色。

酶是生命的催化剂，迄今体内发现的 1000 余种酶中，约有 50％到 70％需要微量元素参加或激活，它们在细胞酶系统中功能相当广泛：从弱离子效应到构成高度特殊的化合物——金属酶与非金属酶。谷胱甘肽过氧化物酶是典型的非金属酶，它具有抑制自由基生成。清除过氧化物。保护细胞膜完整性等作用。该酶分子中含有 4 个硒原子。锌不仅是碳酸酚酶、DNA 聚合酶、RNA 聚合酶等几十种酶的必需成分，而且同近百种酶的活性有关。锰作为离子性较强的微量元素则是有效的激活剂，可催化金属活化酶。

◆餐桌上富含微量元素的食品

微量元素还参与了激素与维生素的合成。众所周知，碘为甲状腺激素的生物合成所必需；而锌在维持胰岛素的主体结构中亦不可缺少，每个胰岛素分子结合 2 个锌原子。

维生素 B_{12} 是胸腺嘧啶核糖核苷酸合成以及最终 DNA 生物合成与转录所必需的甲基转移的辅酶。该分子中螯有一个钴原子的环状结构部分，含有它的化合物——类咕琳辅酶是已知最有效的生物催化剂之一，在许多酶中起着不寻常的分子重排作用。

核酸是遗传信息的携带者。微量元素对核酸的物理、化学性质均可产生影响。多种 RNA 聚合酶中含有锌，而核苷酸还原酶的作用则依赖于铁。